Anh Dang

Collaborative Filtering

Die Anwendung von Empfehlungssystemen im E-Commerce

Bibliografische Information der Deutschen Nationalbibliothek:

Die Deutsche Nationalbibliothek verzeichnet diese Publikation in der Deutschen Nationalbibliografie; detaillierte bibliografische Daten sind im Internet über http://dnb.d-nb.de abrufbar.

Inhaltsverzeichnis

Abbildungsverzeichnis

Tabellenverzeichnis

Abkürzungsverzeichnis

AUC	Area under the ROC Curve
B2B	business-to-business
B2C	business-to-consumer
CF	Collaborative Filtering
ES	Empfehlungssystem
FPR	False Positive Rate
IBCF	Impuation-Boosted Collaborative Filtering
i. V. m.	in Verbindung mit
IRS	Information-Retrieval-System
MAE	Mean Absolute Error
MbWM	Memory-based Weighted-Majority
PMCF	Probabilistic Memory-Based Collaborative Filtering
ROC	Receiver-Operating-Characteristics
SVD	Singular Value Decomposition
TPR	True Positive Rate

1 Einleitung

In einer sich heutzutage rasant wandelnden und entwickelnden Gesellschaft nimmt auch die Zahl an Informationen stetig zu. Aufgrund unzähliger E-Commerce-Seiten und einer daraus resultierenden Informationsüberflutung für den Nutzer, ist es für diesen sehr aufwändig bzw. fast unmöglich aus einer unübersichtlichen Menge an Angeboten, die interessantesten Inhalte gezielt herauszusuchen. Vor allem Nutzer großer E-Commerce-Seiten werden mit diesem Problem konfrontiert, sei es beim Aussuchen von Büchern, Filmen, Urlaubszielen, Lesen von Online-Zeitungen etc. Um diesem Problem Abhilfe zu schaffen, müssten E-Commerce-Seiten jedem einzelnen Nutzer personalisierte Objektempfehlungen basierend auf Erfahrungen anderer Nutzer hervorbringen, da im alltäglichen Leben gerade Hinweise aus dem Bekanntenkreis ein verstärktes Vertrauen entgegenbringt. Denn Freunde und Bekannte kennen die eigenen Vorlieben und Interessen. Dementsprechend beschreiben Konstan et al. (1998, S. 61) den Menschen als förmlich „hungrig" nach Empfehlungen, unabhängig davon ob mittels Mundpropaganda, Empfehlungsschreiben, Erfahrungsberichte, Umfragen etc. (vgl. Resnick und Varian 1997, S. 56). Denn wie Jeff Bezos, CEO von Amazon.com, bereits predigte:

> "If I have 3 million customers on the Web, I should have 3 million stores on the Web."
> (Schafer et al. 2007, S. 115)

Die Anwendung sogenannter Empfehlungssysteme (ES) ist die am meisten verbreitete und erfolgreichste Technik, um das Problem der Informationsüberflutung zu bedienen (vgl. Goldberg et al. 1992, S. 133 f.; Konstan et al. 1997, S. 77; Schafer et al. 2007, S. 115). Inzwischen sind ES aus der heutigen Welt nicht mehr wegzudenken. Vor allem die Ausprägung „Collaborative Filtering (CF)" ist eines der erfolgreichsten Verfahren. Der Begriff „Collaborative Filtering" wurde geprägt von der Entwicklung eines der ersten ES, dem Tapestry-System, einem E-Mail-Filtersystem (vgl. Goldberg et al. 1992, S. 61–63). CF verfolgt im Allgemeinen die grundlegende Idee Objektempfehlungen oder –vorhersagen basierend auf abgegebene Bewertungen gleich gesinnter Nutzer, die sowohl explizit als auch implizit sein können, zu generieren (vgl. Sarwar et al. 2001, S. 286 f.).

Jedoch stehen der Anwendung von CF auch viele Probleme gegenüber, die deren Performance und Qualität beeinträchtigen. Vor allem große E-Commerce-Seiten wie beispielsweise Amazon oder Ebay haben Probleme mit der Skalierbarkeit sowie der Empfehlungsqualität aufgrund einer stetig wachsenden Zahl an Nutzern.

Empfehlungssysteme wie das Collaborative Filtering spielen eine Schlüsselrolle im E-Commerce und sind heutzutage aus der Praxis nicht mehr wegzudenken. Die vorliegende Arbeit verfolgt das Ziel, einen umfangreichen Literaturüberblick zum Thema Collaborative Filtering, speziell zu den speicherbasierten und modellbasierten Algorithmen, wiederzugeben.

Die Arbeit gliedert sich in vier Teile. Der erste Teil widmet sich den terminologischen und konzeptionellen Grundlagen von Empfehlungssystemen im E-Commerce. In diesem Zusammenhang werden die grundlegenden Begriffe „E-Commerce" und „Bewertung" erklärt, das allgemeine Konzept von Empfehlungssystemen erläutert sowie deren verschiedenen Ausprägungen dargestellt. Aufbauend darauf werden anschließend der Begriff des Collaborative Filtering näher erläutert sowie die aus der Praxis bekanntesten Collaborative Filtering Kategorien vorgestellt: die speicherbasierten CF Algorithmen sowie die modellbasierten CF Algorithmen. Hierzu werden zu beiden Kategorien die verschiedenen Ähnlichkeitsmaße vorgestellt und mit Hilfe von statistischen Grundlagen näher erläutert, die die Basis für die Berechnung von Vorhersagen bilden. Ebenfalls werden im zweiten Teil die verschiedenen Möglichkeiten an Qualitätsmessungen vorgestellt. Zum Abschluss werden die allgemeinen Probleme des Collaborative Filtering genauer beschrieben und erläutert.

Der dritte Teil gibt einen Literaturüberblick zu speicherbasierten und modellbasierten CF Algorithmen und beschreibt die unterschiedlichen Theorien und Entwicklungen.

Im vierten Teil wird zu beiden Themen jeweils die Literatur verglichen sowie die Besonderheiten und Abweichungen hervorgehoben.

Schlussendlich wird im fünften Teil, dem Fazit, eine kurze Zusammenfassung und Reflexion der vorliegenden Ausarbeitung aufgeführt als auch ein Ausblick auf den weiteren zukünftigen Forschungsbedarf gegeben.

2 Begriffliche und konzeptionelle Grundlagen von Empfehlungssystemen

In den aufbauenden Kapiteln gibt diese Arbeit eine Einführung in die Grundlagen von Empfehlungssystemen und definiert die für das Verständnis wichtige Begriffe. Anschließend werden die beiden Hauptkategorien des Collaborative Filtering, die speicherbasierten und modellbasierten CF Algorithmen vorgestellt. Darauf aufbauend werden die geläufigsten Evaluationsmetriken zur Performancemessung von CF Algorithmen vorgestellt. Zum Abschluss wird auf die allgemeinen Probleme, mit denen sich das Collaborative Filtering auseinandersetzen muss.

2.1 Definition E-Commerce

Der Begriff E-Commerce (electronic Commerce) bezeichnet die reibungslose elektronische Anwendung von Informations- sowie Kommunikationstechnologien vom Ausgangspunkt bis zum Endpunkt entlang der Wertschöpfungskette eines Geschäftsprozesses (vgl. Wigand 1997, S. 5 f.). Diese Technologien können beispielsweise die Internetkommunikation über Websites, E-Mail, kabellose Datenübertragungsverfahren etc. beinhalten (vgl. Chaffey 2009, S. 11). Die Geschäftsprozesse können sowohl partiell, als auch einheitlich betrachtet werden. Hinzukommend beinhalten sie Handels- und Kommunikationsbeziehungen aller Art zwischen Unternehmen und Kunden (auch business-to-consumer, kurz „B2C" genannt), sowie Unternehmen und Unternehmen, (auch business-to-business, kurz „B2B" genannt). Beispiele für E-Commerce aus der Praxis sind z. B. Dienstleistungen wie Online-Banking, Teleshopping, Kundenservice oder Management von geschäftlichen Kontakten. Den meisten Verbrauchern ist jedoch E-Commerce in Form des Online-Shoppings wie beispielsweise bei Amazon, Ebay etc. vertraut.

2.2 Definition Bewertung

Unter dem Begriff „Bewertung" wird im Allgemeinen das Verfahren verstanden, in dem Überlegungen und Feststellungen eines Individuums repräsentiert werden. In diesem Zusammenhang ist es von zentraler Bedeutung, inwieweit ein Vorgang, ein Sachverhalt, eine Eigenschaft von Objekten bzw. Personen oder eine Idee mit dessen Wertvorstellungen übereinstimmt. Bewertungen können je nach Situation, gesellschaftlichem Umfeld und beteiligten Personen stark voneinander abweichen. (vgl. Melville et al. 2002, S. 187; Adomavicius und Tuzhilin 2005, S. 734)

Im Kontext von Empfehlungssystemen nehmen Bewertungen eine bedeutende Rolle ein, da sie für viele Algorithmen die Grundlage bilden, um die Präferenzen einzelner Nutzer einschätzen zu können. Voraussetzung für eine automatische Verarbeitung ist eine numerische Repräsentation der Bewertungen der einzelnen Nutzer. Das Konzept beinhaltet zwei Dimensionen (Nutzer und Objekte), die durch die Bewertungen miteinander verknüpft werden. In der Praxis wird dabei zwischen expliziten Bewertungen und impliziten Bewertungen unterschieden.

Explizite Bewertungen geben zweifellos die präzisesten Informationen über die Präferenzen eines Nutzers an. Diesbezüglich handelt es sich um aktiv vorgenommene numerische Bewertungen der Nutzer eines Systems. Es können, je nach Anforderungen, verschiedene Arten von Bewertungsskalen zur Hilfe genommen werden (vgl. Schafer et al. 2007, S. 311). Tabelle 1 verschafft einen Überblick zu den am meisten verwendeten Bewertungsskalen, welche unär, binär oder Integer-likert sein können (vgl. Schafer et al. 2007, S. 311). Letztere können beispielsweise eine Skala von 1 bis 5 Sternen/Punkten oder Schulnoten sein.

Bewertungsskala	Beschreibung
Unär	"gut" oder "ich weis nicht"
Binär	"gut" oder "schlecht"
Integer-Likert	Integers: 1-5, 1-7 oder 1-10

Tabelle 1: Beispiel der am häufigsten verwendeten expliziten Bewertungsskalen
Quelle: Eigene Darstellung in Anlehnung an Schafer et al. (2009, S. 311)

Abbildung 1: Beispiele für unäre (a), binäre (b) und Integer-likert (c) Bewertungsskalen
Quelle: Eigene Darstellung in Anlehnung an Facebook.com (2017), Youtube.com (2017), Amazon.com (2017)

Darauf aufbauend stellt Abbildung 1 bekannte Beispiele aus der Praxis dar. Dem Nutzer wird somit ermöglicht, seine Präferenzen sehr genau abzubilden, jedoch wird dies oft als zusätzlicher Aufwand empfunden. Aufgrund dieser Tatsache reicht nicht jeder Nutzer eine Bewertung ein, was zu dem Problem einer spärlichen Datenverfügbarkeit führen kann (vgl. Konstan et al. 1997, S. 84). Dementsprechend kommt es zu einer abnehmenden Qualität der Objektempfehlungen, auf welche im Rahmen dieser Arbeit in Kapitel 2.7 genauer eingegangen wird.

Bewertungen können jedoch nicht nur in expliziter Form, sondern auch in impliziter Form dargestellt werden. Das Hauptargument für die Anwendung impliziter Bewertungen ist laut Nichols (1997, S. 32) aufgrund des geringen Arbeitsaufwandes die Kosteneinsparung im Vergleich zu den expliziten Bewertungen, da hierfür die Prüfung numerischer Bewertungen von Nutzern entfällt. Dabei handelt es sich um Bewertungen, die für den Nutzer nicht als Aufwand wahrgenommen werden und z. B. durch eine Analyse des Nutzerverhaltens bzw. deren Interaktionen mit einem System hergeleitet werden können (vgl. Konstan et al. 1997, S. 84).

Konstan et al. (1997, S. 84) weisen in ihrer Arbeit darauf hin, dass sich deutlich mehr implizite als explizite Bewertungen gewinnen lassen und diese, wie beispielsweise die Lesezeit für einen Artikel, näherungsweise genauso präzise sind wie explizite Bewertungen. Implizite Bewertungen sind zudem einfacher zu generieren, da in der Regel jede Interaktion mit einem System Daten generiert (vgl. Nichols 1997, S. 32). Beispiele dafür sind die Browser- und die Kauf-Historie, Click-Through-Rate (Klickrate) oder auch komplexere Vorgänge etc. In Tabelle 2 sind weitere Beispiele aus der Praxis angeführt.

Arten von Nutzerdaten	Beispiel
Einkauf	Kauf von Filmen
Speichern/Drucken	Dokumente speichern
Begutachtung	Das gesamte Dokument betrachtet
Markierung	zu einer bestimmten Liste adden/hinzufügen
Verweis	Zitieren oder Verweisen auf den Artikel
Lesezeit	Lesezeit pro Artikel sind 30 Sekunden

Tabelle 2: Beispiele aus der Praxis für implizite Bewertungen
Quelle: Eigene Darstellung in Anlehnung an Nichols (1997, S. 32) i. V. m. Nichols et al. (1997, S. 8)

2.3 Definition Empfehlungssystem

Ein Empfehlungssystem verfolgt die Hauptaufgabe, für einen bestimmten Nutzer (auch aktiver Nutzer) aus einer Menge von Alternativen, die auszuwählen, die mit den individuellen Präferenzen des Nutzers am deutlichsten übereinstimmen. Im Kontext von ES repräsentieren diese Alternative die Objekte. Hierbei bedient sich das ES laut Sarwar et al. (2001, S. 286) einer Datenbank, die Informationen über die Nutzer angibt, wie z. B. Kaufhistorie, Demographie, Objektbewertungen etc. Basierend darauf lassen sich somit verschiedene Verfahren für Objektempfehlungen ableiten. Einen Überblick über die verschiedenen Verfahren verschafft hierbei die Abbildung 2.

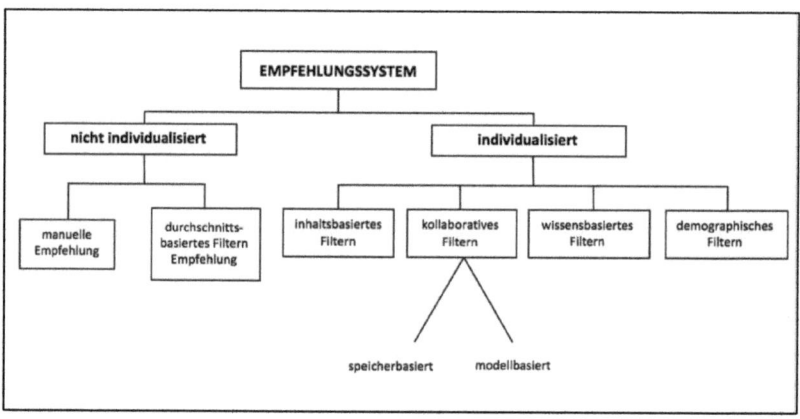

Abbildung 2: Überblick der Verfahren von Empfehlungssystemen
Quelle: Eigene Darstellung in Anlehnung an Runte (2000, S. 10) i. V. m. Burke (2002, S. 333)

Im Allgemeinen lassen sich ES nach „nicht individualisiert" und „individualisiert" unterscheiden. Die nächste Ebene besteht bei Ihrer Unterteilung aus den grundlegenden Arten der Empfehlungsberechnung, die sich innerhalb dieser in unterschiedliche Verfahren unterteilen können, jedoch in dieser Arbeit nicht von Relevanz sind. In der vorliegenden Arbeit liegt der Fokus lediglich auf individualisierten Empfehlungssystemen, speziell dem Collaborative Filtering, das nach einem speicherbasierten (siehe Kapitel 2.5.1) oder modellbasierten (siehe Kapitel 2.5.2) Verfahren angewendet werden kann.

Burke (2002, S. 331 f.) vertritt in seiner Arbeit die Position, dass es vor allem Kriterien wie „individualisiert" und „interessant" bzw. „nützlich" sind, die Empfehlungssysteme von Suchmaschinen oder Information-Retrieval-Systemen (IRS) unterscheiden. Im Gegensatz zu ES arbeiten Suchmaschinen / IRS nach einem Anfrage- bzw. „Matching"-Ansatz, welcher folgendermaßen funktioniert: Ein Nutzer stellt eine Informationsanfrage an ein IRS, welches daraufhin alle auf das Suchwort bzw. die Anfrage passenden Objekte, sortiert nach dem Grad der Übereinstimmung, auflistet (vgl. Burke 2002, S. 331 f.).

6

2.4 Definition Collaborative Filtering

Der Begriff „Collaborative Filtering" fand zum ersten Mal im Zusammenhang mit dem „Tapestry"-System Gebrauch, welches eines der ersten entwickelten Empfehlungssysteme ist (vgl. Goldberg et al. 1992, S. 61). CF ist eine der erfolgreichsten und in der Praxis am meisten angewendeten Empfehlungstechnologien (vgl. Konstan et al. 1997, S. 77 f.; Herlocker et al. 1999, S. 230; B. Sarwar et al. 2000, S. 160; Goldberg et al. 2001, S. 133 f.). Im Allgemeinen stützen sich Goldberg et al. (2001, S. 133) auf die fundamentale Annahme wenn beispielsweise zwei Nutzer ähnliche Bewertungen für m Objekte abgeben, so bedeutet das, dass diese ähnliche Präferenzen teilen und dementsprechend andere Objekte ebenfalls ähnlich bewerten.

CF Systeme helfen dabei, anhand abgegebener Objektbewertungen, zu jedem aktiven Nutzer, eine Menge von sogenannten Nachbarn zu finden, die ähnliche Präferenzen vorweisen. Sobald ähnliche Nachbarn durch das CF System ermittelt wurden, formen diese eine sogenannte Nachbarschaft, mit der anhand verschiedener Algorithmen Objektempfehlungen generiert werden. Die eingehenden Daten, die hierbei gesammelt werden, repräsentieren vergangene Kauftransaktionen von n aktiven Nutzern für m Objekte, die in einer $n \times m$ Nutzer-Objekt-Matrix dargestellt werden. Im Großen und Ganzen beinhaltet Collaborative Filtering die Akkumulierung der von Nutzern abgegebenen Bewertungen. Anhand diesen werden auf die Präferenzen des Nutzers zugeschnittene Objektvorhersagen. (vgl. Herlocker et al. 1999, S. 230 f.; B. Sarwar et al. 2000, S. 160 f.) Nach Herlocker et al. (1999, S. 230) kann das CF System in drei verschiedene Aufgaben unterteilt werden: die Darstellung eingehender Daten, die Formation der Nachbarschaft und die Empfehlungsgenerierung. Abbildung 3 gibt hierbei einen Überblick über diese.

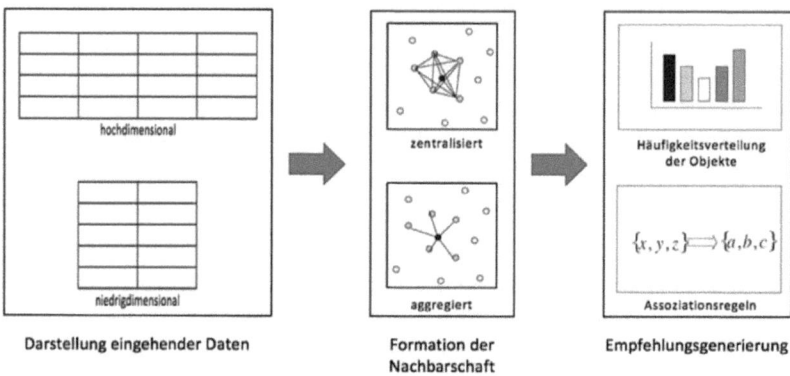

Darstellung eingehender Daten   Formation der   Empfehlungsgenerierung
                                   Nachbarschaft

Abbildung 3: Die drei Teilaufgaben von CF Systemen
Quelle: Eigene Darstellung in Anlehnung an B. Sarwar et al. (2000, S. 161)

Gemäß B. Sarwar et al. (2000, S. 160) beschäftigt sich die „Darstellung eingehender Daten" mit der Aufgabe, die bereits vom Nutzer gekauften Objekte nach einem bestimmten Schema darzustellen. Die „Formation der Nachbarschaft" beschäftigt sich hauptsächlich mit dem Problem, für den aktiven Nutzer geeignete Nachbarn zu finden. Zu guter Letzt ist die „Empfehlungsgenerierung" dafür verantwortlich, die Top-N Objektempfehlungen, basierend auf der ausgewählten Nachbarschaft des aktiven Nutzers, zu ermitteln.

2.5 Hauptkategorien des Collaborative Filtering

In den folgenden Abschnitten beschäftigt sich diese Arbeit mit den in der Praxis am häufigsten angewendeten Hauptkategorien der Collaborative Filtering Techniken, den speicherbasierten und modellbasierten CF Algorithmen. Anschließend werden dazugehörige Evaluationsmetriken bzgl. der Performance genauer betrachtet und erläutert. Die Anwendung von Collaborative Filtering Techniken geht in der Praxis jedoch auch mit vielen Einschränkungen bzw. Herausforderungen einher, die im Kapitel 2.7 eindeutiger beschrieben werden.

2.5.1 Speicherbasierte Collaborative Filtering Algorithmen

Speicherbasierte (oder auch nutzerbasierte) CF Algorithmen nutzen die gesamte Datenbank eines Systems – im Kontext von Empfehlungssystemen bestehend aus Nutzerdaten und Objektdaten – um Vorhersagen für einen aktiven Nutzer zu treffen. Im Hinblick darauf werden vor allem der aus der Praxis bekannte „Nächster-Nachbar"-Algorithmus verwendet (vgl. Sarwar et al. 2001, S. 287). Das Ziel bei diesem Verfahren ist es, Objektempfehlungen für einen aktiven Nutzer a anhand einer

Ähnlichkeitsanalyse basierend auf Präferenzen von Nachbarn n zu generieren (vgl. Breese et al. 1998, S. 44). Herlocker et al. (1999, S. 231-235) unterteilen das Verfahren des „Nächster-Nachbar" CF Algorithmus in 3 Schritte:

1. Gewichtung aller Nachbarn n in Abhängigkeit vom Maß der Ähnlichkeit zum aktiven Nutzer a

2. Auswahl einer Untermenge von Nachbarn n (Nachbarschaft), in der Regel die k ähnlichsten Nachbarn zum aktiven Nutzer a, die für die Vorhersage relevant sind

3. Normalisierung der Bewertungen und Berechnung einer Vorhersage auf Basis einer Kombination aus Gewichtung und Bewertungen ausgewählter Nachbarn

Sind diese 3 Schritte erfüllt, so können anschließend auf Basis der dem aktiven Nutzer a am nächsten stehenden Nachbarn n die Top-N Objektempfehlungen für den aktiven Nutzer a produziert werden (vgl. Su und Khoshgoftaar 2009, S. 5).

Ähnlichkeitsmaße

Im Folgenden werden einige Ähnlichkeitsmaße vorgestellt, die im Rahmen dieser Arbeit relevant sind und im Bereich der Empfehlungssysteme zum „State of the Art" zählen. Die Vorstellung erfolgt an dieser Stelle, da Ähnlichkeitsmaße Teil verschiedener Algorithmen sind, die in den folgenden Abschnitten näher erläutert werden.

Kosinus-Ähnlichkeit. Bei der Kosinus-Ähnlichkeit werden Nutzer als Vektoren, bestehend aus Bewertungen, betrachtet. Hierbei wird die Ähnlichkeit zwischen zwei Nutzern A und B anhand der Berechnung des Kosinuswinkels bestimmt. Die Kosinus-Ähnlichkeit für die Vektoren a und b lässt sich folgendermaßen bestimmen (vgl. Sarwar et al. 2001, S. 288; Ahn 2008, S. 39):

$$Sim(a,b) = \cos(\vec{a}, \vec{b}) = \frac{\vec{a} \cdot \vec{b}}{\| \vec{a} \|_2 * \| \vec{b} \|_2} = \frac{\sum_{i \subset CR_{a,b}} r_{ai} r_{bi}}{\sqrt{\sum_{i \subset CR_{a,b}} r_{ai}^2} \sqrt{\sum_{i \subset CR_{a,b}} r_{bi}^2}}$$

(1)

r_{ai} und r_{bi} stellen hierbei jeweils die Bewertung von Nutzer A und B für das Objekt i dar. $CR_{a,n}$ bezeichnet hierbei die Objekte i, die sowohl vom aktiven Nutzer a als auch vom Nutzer b bewertet wurden. (vgl. Resnick et al. 1994, S. 181; Schafer et al. 2007, S. 302)

Pearson-Korrelationskoeffizient. Für die Berechnung des Ähnlichkeitsmaß wird nach dem nutzerbasierten „Nächster-Nachbar"-Algorithmus in der Regel der Pearson-Korrelationskoeffizient zur Hilfe genommen, wie Gleichung (2) zeigt. An dieser Stelle werden bei der Berechnung der Korrelation die abgegebenen Bewertungen der Nutzer für das Objekt i miteinander verglichen.

$$userSim(a, n) = \frac{\sum_{i \subset CR_{a,n}} (r_{ai} - \bar{r}_a)(r_{ni} - \bar{r}_n)}{\sqrt{\sum_{i \subset CR_{a,n}} (r_{ai} - \bar{r}_a)^2} \sqrt{\sum_{i \subset CR_{a,n}} (r_{ni} - \bar{r}_n)^2}}$$

(2)

mit

$$\bar{r}_a = \frac{1}{|I_a|} \sum_{i \in I_a} r_{ai} \quad \bar{r}_n = \frac{1}{|I_n|} \sum_{i \in I_n} r_{ni}$$

r_{ni} bezeichnet hier die Bewertung von Nachbar n für das Objekt i.

Um eine mögliche Streuung der Bewertungen zu kompensieren, die durch explizite Bewertungen von Angebotsobjekten erfolgt, fließen ebenfalls die arithmetischen Mittel $\bar{r}_a$ und $\bar{r}_n$ in die Prognose mit ein. Diese lassen sich allgemein als Quotient aus der Summe der berücksichtigten Bewertungen der Nutzer für das Objekt i und der Menge aller Objekte, die vom Nutzer bewertet wurden – hier jeweils gekennzeichnet als I_a und I_n – berechnen. Beispielsweise kann es vorkommen, dass Nutzer, die derselben Meinung sind, ein bestimmtes Objekt auf einer Skala von 1-5 unterschiedlich bewerten. Nutzer A empfindet Objekt i als „gut" und bewertet dieses mit einer 4 von 5. Nutzer B hingegen definiert „gut" als eine 5 von 5. (vgl. Breese et al. 1998, S. 44; Schafer et al. 2007, S. 302)

Ergibt die Berechnung der Korrelation einen Wert von 1, so besteht eine ideale Übereinstimmung beider Nutzer, hingegen deutet ein Korrelationswert von -1 auf eine Unstimmigkeit zwischen beiden Nutzern hin (vgl. Resnick et al. 1994, S. 181). Weitere korrelationsbasierte Ähnlichkeitsmaße sind laut Su und Khoshgoftaar (2009, S. 6) beispielsweise der eingeschränkte Pearson-Korrelationskoeffizient und die Rangkorrelationskoeffizienten von Spearman oder Kendall, die jedoch im Rahmen dieser Arbeit nicht von Relevanz sind.

Berechnung der Vorhersage

Gemäß Schafer et al. (2007, S. 301 f.) werden anhand nutzerbasierter Algorithmen die Vorhersagen $pred(a, i)$ bzgl. eines Angebotsobjekts i für einen aktiven Nutzer a getroffen, basierend auf den abgegebenen Bewertungen r_{ni} der Nachbarn, wie

Gleichung (3) zeigt. (vgl. Schafer et al. 2007, S. 302; Su und Khoshgoftaar 2009, S. 6).

$$pred(a, i) = \bar{r}_a + \frac{\sum_{n \subset neighbors(a)} userSim(a, n) \cdot (r_{ni} - \bar{r}_n)}{\sum_{n \subset neighbors(a)} userSim(a, n)}$$

(3)

2.5.2 Modellbasierte Collaborative Filtering Algorithmen

Modellbasierte CF Algorithmen beziehen sich im Gegensatz zu nutzerbasierten CF Algorithmen nicht auf die Korrelation zwischen Nutzern, sondern auf die Korrelation zwischen Objekten. In diesem Kapitel wird außerdem der „Nächster-Nachbar"-Algorithmus näher erläutert. Um generell eine Vorhersage für einen aktiven Nutzer a berechnen zu können, werden laut Sarwr et al. (2001, S. 288) zuerst alle Nutzer ausgewählt die sowohl die Objekte i als auch j bewertet haben, wie in Abbildung 4 verdeutlicht wird.

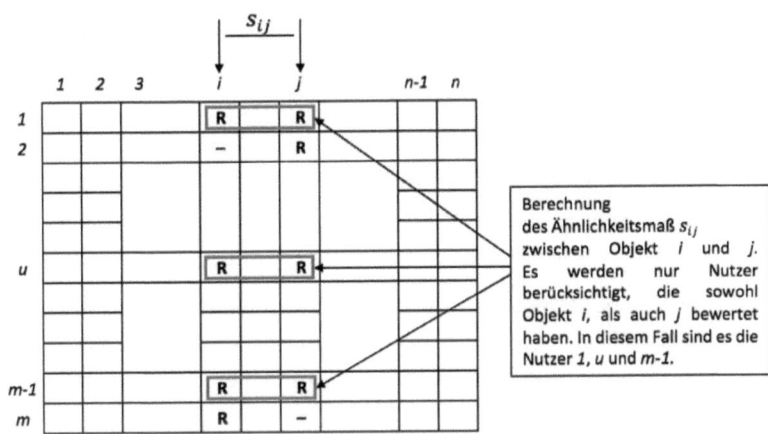

Abbildung 4: Isolierung aller Nutzer, die sowohl Objekt i als auch j bewertet haben
Quelle: eigene Darstellung in Anlehnung an Sarwar et al. (2001, S. 289)

Wie bei nutzerbasierten CF Algorithmen können hier verschiedene Ähnlichkeitsmaße verwendet werden. Im Rahmen dieser Arbeit werden die Kosinus-Ähnlichkeit, der Pearson-Korrelationskoeffizient und die angepasste Kosinus-Ähnlichkeit vorgestellt.

Ähnlichkeitsmaße

Kosinus-Ähnlichkeit. Die Kosinus-Ähnlichkeit lässt sich hier analog zu der Kosinus-Ähnlichkeit der nutzerbasierten CF Algorithmen folgendermaßen berechnen (vgl. Sarwar et al. 2001, S. 288; Ahn, 2008, S. 39):

$$Sim(i,j) = \cos(\vec{\imath},\vec{\jmath}) = \frac{\vec{\imath} \cdot \vec{\jmath}}{\|\vec{\imath}\|_2 * \|\vec{\jmath}\|_2} = \frac{\sum_{a \subset RB_{i,j}} r_{ai} r_{aj}}{\sqrt{\sum_{a \subset RB_{i,j}} r_{ai}^2} \sqrt{\sum_{a \subset RB_{i,j}} a_j^2}}$$

(4)

Pearson-Korrelationskoeffizient. Der Pearson-Korrelationskoeffizient lässt sich hier analog zu dem der nutzerbasierten CF Algorithmen übernehmen. Im Gegensatz zu den nutzerbasierten CF Algorithmen werden an dieser Stelle die Objekte i und j, die vom aktiven Nutzer a bewertet wurden, miteinander verglichen. Infolgedessen lässt sich die Korrelation folgendermaßen berechnen (vgl. Sarwar et al. 2001, S. 288; Schafer et al. 2007, S. 304 f.):

$$itemSim(i,j) = \frac{\sum_{a \subset RB_{i,j}} (r_{ai} - \bar{r}_i)(r_{aj} - \bar{r}_j)}{\sqrt{\sum_{a \subset RB_{i,j}} (r_{ai} - \bar{r}_i)^2} \sqrt{\sum_{a \subset RB_{i,j}} (r_{aj} - \bar{r}_j)^2}}$$

(5)

r_{ai} und r_{aj} bezeichnen hierbei die jeweils Bewertung des aktiven Nutzers a für Objekt i und j, während $\bar{r}_i$ und $\bar{r}_j$ das arithmetische Mittel darstellen. Zudem definiert $RB_{i,j}$ die Anzahl an Nutzern, die sowohl Objekt i als auch j bewertet haben.

Angepasste Kosinus-Ähnlichkeit. Der Hauptunterschied zwischen dem Pearson-Korrelationskoeffizienten und der angepassten Kosinus-Ähnlichkeit ist, dass sich die angepasste Kosinus-Ähnlichkeit auf den Nutzer bezieht und nicht auf das Objekt, wie anhand Gleichung (6) zu entnehmen ist.

$$itemSim(i,j)' = \frac{\sum_{a \subset RB_{i,j}} (r_{ai} - \bar{r}_a)(r_{aj} - \bar{r}_a)}{\sqrt{\sum_{a \subset RB_{i,j}} (r_{ai} - \bar{r}_a)^2} \sqrt{\sum_{a \subset RB_{i,j}} (r_{aj} - \bar{r}_a)^2}}$$

(6)

Zudem hat sie gegenüber der Kosinus-Ähnlichkeit den Vorteil, dass durch Subtraktion der durchschnittlichen Nutzerbewertung $\bar{r}_a$ die Abweichung in der Beurteilungsskala zwischen verschiedenen Benutzern berücksichtigt wird. Der Wertebereich liegt hier ebenfalls wie beim Pearson-Korrelationskoeffizienten zwischen −1 und 1. (vgl. Sarwar et al. 2001, S. 288; Schafer et al. 2007, S. 304 f.)

Berechnung der Vorhersage

Die Berechnung der Vorhersage $pred(a, i)$ für einen aktiven Nutzer a und ein Objekt i lässt sich gemäß Schafer et al. (2007, S. 304) folgendermaßen berechnen:

$$pred(a, i) = \bar{r}_a + \frac{\sum_{j \in rateditems(a)} itemSim(i,j)' \cdot r_{ai}}{\sum_{j \in rateditems(a)} itemSim(i,j)'}$$

(7)

2.6 Evaluationsmetriken

Im Folgenden werden verschiedene Metriken vorgestellt, die bei der Evaluation von Empfehlungssystemen die Qualität dieser unterstützen sollen. Die Nutzerdatensätze werden dabei in zwei disjunkte Mengen, eine Trainings- sowie eine Testmenge, eingeteilt. Danach wird der Algorithmus basierend auf der Trainingsmenge ausgeführt und anschließend werden die Empfehlungen mit Hilfe einer Metrik mit der Testmenge verglichen.

2.6.1 Mean Absolute Error

Der „Mean Absolute Error (MAE)" oder auch „Durchschnittlicher absoluter Fehler" genannt, ist eine der am meisten angewendeten Metriken in der CF Fachliteratur. Sie misst die durchschnittliche Abweichung zwischen vorhergesagter Bewertung und tatsächlicher Bewertung des aktiven Nutzers, wie Gleichung (8) genauer darstellt (vgl. Shardanand und Maes 1995, S. 213 f.; Sarwar et al. 2001, S. 290; Herlocker et al. 2004, S. 20 f.).

$$MAE = \frac{\sum_{i=1}^{N} |p_i - q_i|}{N}$$

(8)

N repräsentiert hierbei die Gesamtanzahl an Bewertungen aller Nutzer, p_i stellt die vorhergesagten Bewertungen und q_i die aktuellen Bewertungn des Nutzers dar.

Shardanand und Maes (1995, S. 214) weisen darauf hin, dass die Vorhersagen bezogen auf die abgegebenen Bewertungen des Nutzers umso präziser sind, je niedriger der MAE ist.

2.6.2 Precision und Recall

Precision und Recall sind die am meisten verbreiteten Metriken für die Evaluation von Information-Retrieval-Systemen und wurden von B. Sarwar et al. (2000, S. 163) ebenso für die Evaluation von Empfehlungssystemen verwendet. Sie stellen ein Maß dar, welches Auskunft darüber gibt, wie gut Klassifizierungen einzelner Objekte durch einen Algorithmus vorgenommen werden können, wie Tabelle 3 zeigt.

	Ausgewählt	Nicht ausgewählt	Gesamt
Relevant	N_{ra}	N_{rn}	N_r
Irrelevant	N_{ia}	N_{in}	N_i
Gesamt	N_a	N_{na}	N

Tabelle 3: Beispiel einer Klassifikationsmatrix für Empfehlungssysteme
Quelle: Eigene Darstellung in Anlehnung an Herlocker et al. (2004, S. 22)

Hierbei ist es von Nöten die Objektmenge in die binären disjunkten Klassen „relevant" sowie „irrelevant" zu unterteilen. Ist die Bewertungsskala jedoch nicht binär, so muss sie in eine binäre transformiert werden. Beispielsweise sieht eine Transformation eines Bewertungssystems, das mit einer Bewertungsskala von 1 bis 5 arbeitet und somit nicht binär ist, folgendermaßen aus: alle Bewertungen mit 4 oder 5 werden als „relevant" eingestuft und alle anderen als „irrelevant". (vgl. Herlocker et al. 2004, S. 22 f.)

Die Precision definiert den Anteil ausgewählter relevanter Objekte zu der Anzahl empfohlener Objekte. Sie beschreibt somit die Wahrscheinlichkeit, dass ein empfohlenes Objekt relevant ist, wie in Gleichung (9) formuliert.

$$P = \frac{N_{ra}}{N_a}$$

$$(9)$$

Der Recall hingegen definiert den Anteil ausgewählter relevanter Objekte zu der Gesamtanzahl relevanter Objekte. Er beschreibt hier die Wahrscheinlichkeit, dass ein relevantes Objekt ausgewählt wird, wie anhand Gleichung (10) dargestellt (vgl. Kowalski und Maybury 2000, S. 4–6; Herlocker et al. 2004, S. 22 f.).

$$R = \frac{N_{ra}}{N_r}$$

$$(10)$$

2.6.3 Receiver-Operating-Characteristic Sensitivität

Die Receiver-Operating-Characteristic (ROC) Sensitivität ist im Allgemeinen ein statistisches Verfahren, mit dem diagnostische Systeme evaluiert und deren Leistungsfähigkeit bewertet wird. Sie findet vor allem im Bereich der Medizin verbreitet Anwendung. Die Problematik, die hierbei vorliegt, ist die folgende: für ein Phänomen, das oft binären Charakter hat, wie z. B. das Vorliegen oder die Abwesenheit einer Krankheit, wird ein Test entwickelt, der das Vorkommen eines präzisen Ereignisses genauestens vorhersagen soll. Falls der Test quantitativ oder gegebenenfalls ordinal ist, wie beispielsweise die Bewertung von Objekten auf einer Skala von 1 bis 5, so muss ein Schwellenwert festgelegt werden, ab dem ein Objekt als „relevant" klassifiziert wird. Die ROC Sensitivität wird in Form einer ROC-Kurve in einer zweidimensionalen Abbildung veranschaulicht, wie Abbildung 5 zeigt. (vgl. Hanley und McNeil 1982, S. 29; Sarwar et al. 1998, S. 350)

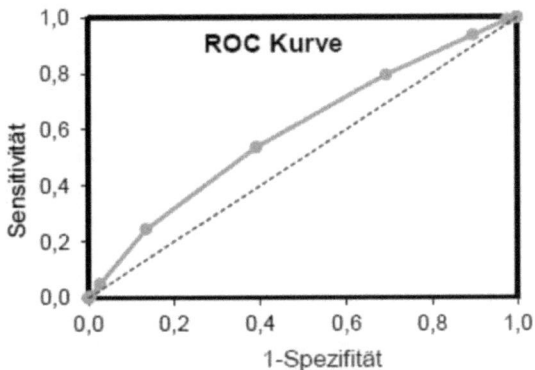

Abbildung 5: Beispiel für die Darstellung einer ROC Kurve
Quelle: Eigene Darstellung angelehnt an Hanley und McNeil (1982, S. 33), Sarwar et al. (1998, S. 350), Su und Khoshgoftaar (2009, S. 14)

Hierbei wird auf der Y-Achse die Sensitivität (von 0 bis 1), auch true positive rate (TPR) genannt, und auf der X-Achse die 1-Spezifität (von 0 bis 1), auch false positive rate (FPR) genannt, dargestellt. Die Sensitivität beschreibt die Wahrscheinlichkeit, mit der ein zufällig ausgewähltes relevantes Objekt vom Filtersystem angenommen wird (s. auch Recall), z. B. würde eine Sensitivität von 0,8 bedeuten, dass ein relevantes Objekt mit einer Wahrscheinlichkeit von 80% empfohlen wird. Es gilt:

15

$$SENS = \frac{N_{re}}{N_r}$$

(11)

Die Spezifität hingegen beschreibt die Wahrscheinlichkeit, mit der ein zufällig ausgewähltes irrelevantes Objekt vom Filtersystem abgelehnt wird und dementsprechend dem Nutzer nicht empfohlen wird, z. B. würde eine Spezifität von 0,9 bedeuten, dass ein irrelevantes Objekt mit einer Wahrscheinlichkeit von 90% nicht empfohlen bzw. herausgefiltert wird. Es gilt (vgl. Sarwar et al. 1998, S. 350; Runte 2000, S. 86–88; Su und Khoshgoftaar 2009, S. 14):

$$SPEC = \frac{N_{in}}{N_i} = 1 - \frac{N_{ia}}{N_i}$$

(12)

Um die Leistungsfähigkeit verschiedener ROC-Kurven korrekt interpretieren und unterscheiden zu können ist die Berechnung der Fläche unterhalb der ROC-Kurve, die sogenannte Area under the ROC Curve (AUC), die geläufigste Methode (vgl. Hanley und McNeil 1982, S. 30; Lobo et al. 2008, S. 145). Auf die AUC wird im Rahmen dieser Arbeit nicht näher eingegangen, da sie für das allgemeine Verständnis entbehrlich ist.

2.7 Probleme des Collaborative Filtering

Im Folgenden werden die aus der Praxis des E-Commerce auftretenden Probleme von Collaborative Filtering beschrieben. Vor allem große Shopping Portale wie beispielsweise Amazon oder Ebay stehen hierbei aufgrund exogener Einflüsse vor einer großen Herausforderung. Das Hauptaugenmerk liegt hierbei auf der Sicherung der Qualität sowie Berechnungsgeschwindigkeit von Objektempfehlungen trotz einer zunehmend wachsenden Anzahl von Nutzern und Objekten. (vgl. Su und Khoshgoftaar 2009, S. 2)

False negatives / false positives errors. Die Qualität von Objektempfehlungen ist ein ausschlaggebender Punkt bei Empfehlungssystemen wie dem Collaborative Filtering, da Nutzer von Objektempfehlungen erwarten, dass sie ihren individuellen Präferenzen entsprechen und somit die Objektsuche erleichtert werden soll. Stellt sich jedoch heraus, dass die Objektempfehlung nicht den Präferenzen des Nutzers entspricht, so wird dieser aufgrund mangelnder Qualität das Empfehlungssystem nicht erneut zur Hilfe heranziehen. (vgl. B. Sarwar et al. 2000, S. 158)

Es wird hierbei zwischen zwei Arten von Fehlern differenziert: false negatives und false positives. Bei den false negatives handelt es sich im Allgemeinen um Ergebnisse, die fälschlicherweise darauf hindeuten, dass die Anforderungen nicht erfüllt wurden, diese jedoch in Wirklichkeit erfüllt wurden (vgl. Tyre et al. 2003, S. 1790). Im übertragenen Sinn sind das beispielsweise Objekte, welche trotz Übereinstimmung mit den Präferenzen des Nutzers nicht empfohlen werden (vgl. Sarwar et al. 2000, S. 158).

False positives hingegen sind Ergebnisse, die den Anforderungen entsprechen, jedoch fälschlicherweise auf ein Nichterfüllen der Anforderungen hindeuten wie z. B. Objektempfehlungen für den Nutzer, die nicht dessen Präferenzen entsprechen (vgl. Sarwar et al. 2000, S. 158; Tyre et al. 2003, S. 1790)s.

Sarwar et al. (2000, S. 158) vertreten in ihrer Arbeit die Ansicht, dass es in der Praxis des E-Commerce von höchster Priorität ist, false positives zu vermeiden, da diese inVerbindung mit verärgerten Nutzern stehen, die dann keine Verwendung mehr für das Empfehlungssystem sehen.

Datenverfügbarkeit. Ein allgemeines Hauptproblem des Collaborative Filtering ist die spärliche Datenverfügbarkeit, welche die Performance des CF Systems bzgl. Objektempfehlungen einschränkt, z. B. wenn in der Nutzer-Objekt-Matrix einzelne Werte nicht besetzt sind, wie Tabelle 4 zur Schau stellt (vgl. Herlocker et al. 1999, S. 231; Su und Khoshgoftaar 2009, S. 1 f.).

	Star Wars	Avengers	Superman	Titanic
Anna	1	2	4	5
Tim	5	4	2	1
Chris	5	3	4	
Lea		1	3	2

Tabelle 4: Beispiel für eine unvollständige Nutzer-Objekt-Matrix anhand einer Bewertungsskala von 1 - 5
Quelle: Eigene Darstellung in Anlehnung an Herlocker et al. (1999, S. 231) i. V. m. Su und Khoshgoftaar (2009, S. 1 f.)

Das Problem der spärlichen Datenverfügbarkeit kann dabei durch unterschiedliche Umstände entstehen, von denen im Folgenden die drei geläufigsten näher erläutert werden.

Einer dieser Problemumstände ist das Cold-Start-Problem oder auch New-User-Problem genannt, welches bei neuen Nutzern oder Objekten eines Systems auftritt. Dadurch, dass kaum oder gar keine Informationen über die Präferenzen der neuen Nutzer wie z. B. Objektbewertungen oder Objektkäufe zur Verfügung stehen, sind Objektempfehlungen des CF Systems nur bedingt ausführbar. (vgl. Schein et al. 2002, S. 253; Huang et al. 2004, S.120; Su und Khoshgoftaar 2009, S, 2 f.)

Ein weiteres Problem, das laut Su und Khoshgoftaar, 2009, S. 3)) aufgrund mangelnder Datenverfügbarkeit entsteht, ist das Reduced-Coverage[1]-Problem. Dies tritt dann auf, wenn in einem System die Anzahl der abgegebenen Bewertungen im Vergleich zu der Anzahl an Objekten sehr klein ausfällt und das CF System darauffolgend nicht in der Lage ist Objektempfehlungen zu generieren (vgl. Su und Khoshgoftaar 2009, S. 3).

Der dritte Problemumstand bei mangelnder Datenverfügbarkeit ist die Neighbor Transitivity, welche allgemein das Verhalten eines Nutzers beschreibt, der bei dem Vergleich von Alternativen stets widerspruchsfreie Präferenzrelationen bildet. Zieht beispielsweise der Nutzer die Alternative A der Alternative B und zudem B der Alternative C vor, so zieht er auch A der Alternative C vor. Aufgrund des Problemumstandes mangelnder Datenverfügbarkeit wird dies jedoch hier nicht erfüllt, da das System Nutzer mit ähnlichen Präferenzen nicht identifizieren kann und somit die Effektivität des CF Systems dadurch abnimmt. (vgl. B. M. Sarwar et al. 2000, S. 4; Su und Khoshgoftaar 2009, S. 3)

Skalierbarkeit. In aller Regel werden an die Skalierbarkeit und die Performance hohe Anforderungen gestellt, denn Empfehlungssysteme müssen in der Lage sein, eine große Anzahl an Nutzer- und Objektdaten zu verwalten, zu speichern, in Zusammenhang zu bringen und auszuwerten. Zusätzlich sollen CF Algorithmen Objektempfehlungen für alle Nutzer in Echtzeit generieren, unabhängig von ausreichenden Informationen bezogen auf Kauf- und Bewertungs-Historie, was jedoch eine hohe Skalierbarkeit voraussetzt. (vgl. Linden et al. 2003, S. 79)

Dementsprechend ist der kritische Punkt hierbei die Grenze der Skalierbarkeit, vor allem beim „Nächster-Nachbar"-Ansatz (siehe Kapitel 2.5.1), welcher bei der Formation der Nachbarschaft einen fortlaufenden linearen Prozess voraussetzt. Ein Beispiel hierfür ist ein CF Algorithmus, der in der Lage ist Hunderttausende von

---

[1] Prozentanteil an Objekten, für welche Vorhersagen generiert werden können in Relation zur Gesamtanzahl an Objekten (vgl. Herlocker et al. 1999, S. 232)

Nachbarn für einen aktiven Nutzer zu finden, jedoch erfordern es die erhöhten Anforderungen, Millionen von Nachbarn für diesen zu finden. (vgl. B. Sarwar et al. 2000, S. 158–161; Su und Khoshgoftaar 2009, S. 4)

Synonymie und Polysemie. Synonymie beschreibt die semantische Beziehung zwischen unterschiedlichen Begriffen, die nichtsdestotrotz die gleichen Bedeutungen aufweisen, sogenannte Synonyme (vgl. Searle 1969, S. 6). Das Problem, mit dem sich CF Systeme dabei auseinandersetzen müssen ist, dass diese latenten Assoziationen nicht erkannt werden können und folglich die Objekte als heterogen betrachtet werden. Die Begriffe „Apfelsine" und „Orange" haben beispielsweise dieselbe Bedeutung. Wird diese jedoch aufgrund unterschiedlicher Namen vom CF System nicht erkannt, so wird sie auch nicht für die Berechnung des Ähnlichkeitsmaßes berücksichtigt. (vgl. B. Sarwar et al. 2000, S. 161; Su und Khoshgoftaar 2009, S. 4)

Ein weiteres Problem für CF Systeme ist die Polysemie, sprich die Mehrdeutigkeit von Begriffen (vgl. Ravin und Leacock 2000, S. 1). Dies impliziert, dass ein und dasselbe Wort zu verschiedenen Konzepten und Inhalten führen können, der Begriff „Fliege" kann z. B. sowohl auf ein Insekt als auch auf ein Kleidungsstück hindeuten. Infolgedessen hat das CF System Schwierigkeiten mit der Kategorisierung polysemischer Wörter. (vgl. Zhao et al. 2008, S. 414)

Graues Schaf / Schwarzes Schaf. Als graues Schaf werden individuelle Nutzer bezeichnet, deren Meinung mit keiner Nutzergruppe dauerhaft übereinstimmt. Aufgrund dieser Tatsache profitieren solche Nutzer nur selten von CF Systemen, da Objektempfehlungen dementsprechend mit einer geringeren Qualität gekennzeichnet sind. (vgl. Claypool et al. 1999, S. 2; McCrae et al. 2004, S. 7)

Das schwarze Schaf hingegen bezeichnet Nutzer, deren eigenwillige Präferenzen selten mit denen anderer Nutzer übereinstimmen. Aufgrund dessen sind Objektempfehlungen in diesem Fall kaum möglich. (vgl. McCrae et al. 2004, S. 7).

Shilling Attacks. Ein weiteres Problem sind die Shilling Attacks, welche bezogen auf Resnick und Varian (1997, S. 67) allgemein die Manipulation von Bewertungssystemen durch die Beeinflussung abgegebener Bewertungen beschreibt.

Aufgrund der Möglichkeit progressiver Onlineumsätze verfolgen Hersteller dabei über Online-Shop-Plattformen wie beispielsweise Amazon oder Ebay, die Absicht ihre eigenen Objekte durch positive Bewertungen besser zu positionieren und durch negative Bewertungen Mitbewerber „schlechtzureden". Dies führt dann folglich dazu, dass die Objekte des Herstellers öfters vom Empfehlungssystem an

Nutzer empfohlen werden und erhöht somit die Wahrscheinlichkeit der Absatz-steigerung. (vgl. Lam und Riedl 2004, S. 393)

Laut Lam und Riedl (2004, S. 393 f.) werden Shilling Attacks über eine Gruppe von Nutzern – sogenannten Shills – ausgeführt, die durch bewusste Manipulation von Bewertungen versuchen das Empfehlungssystem fehlzuleiten und somit die Quali-tät der Objektempfehlungen für Nutzer beeinträchtigen. Der Einsatz von Shills ist nicht nur schädlich für Empfehlungssysteme, sondern auch für den Nutzer, da durch schlechte Objektempfehlungen sowohl dessen Zeit, als auch Geldmittel in Anspruch genommen werden.

Privatsphäre und Datenschutz. Collaborative Filtering ist in der Praxis eine sehr be-liebte Art von Empfehlungssystemen, die für den Nutzer redundante Information aussortiert. Um davon jedoch optimal profitieren zu können, müssen Nutzer ver-schiedene Arten von Information wie z. B. aktueller Standort, Browsing-Gewohn-heiten, letzten Einkäufe etc. preisgeben. (vgl. Canny 2002, S. 238)

Dies hängt damit zusammen, dass ES in der Regel auf sehr detaillierten Profilen basieren, um ihrer Aufgabe, der Berechnung von personalisierten Empfehlungen, nachzukommen. Gemäß Schafer et al. (2007, S. 317) lässt sich folgende Faustregel ableiten: Je mehr Information einem Empfehlungssystem über einen Nutzer zur Verfügung stehen, desto bessere Objektempfehlungen kann es für diesen generie-ren.

Nichtsdestotrotz bringt die Sammlung einer solch großen Menge an Informationen aus Sicht des Nutzers einige Probleme mit sich. Da die Informationen über die Nut-zer beispielsweise an einer zentralen Stelle gespeichert werden, damit das ES ein-fach darauf zugreifen kann, besteht hierbei die Gefahr, dass im Falle eines Ha-ckerangriffs die Anonymität des Nutzers gefährdet werden kann. (vgl. Schafer et al. 2007, S. 317)

Die Nutzer müssen also darauf vertrauen, dass die Daten ausschließlich für die an-gegebenen Zwecke, in diesem Fall für Bewertungen und Empfehlungen, benutzt werden. Daher ist es wichtig, Datenschutzrichtlinien zu etablieren und diese Daten besonders zu schützen bzw. so weit wie möglich zu anonymisieren. (vgl. Miller et al. 2004, S. 438–440)

Data Noise. Ein weiteres Problem von Empfehlungssystemen ist das sogenannte Data Noise, welches ein unvermeidliches Dateninterpretationsproblem beschreibt, das beim Sammeln oder Auswerten von Daten auftritt. Es handelt sich in diesem Zusammenhang um nicht verwertbare Daten, die die Performance von

Empfehlungssystemen bezüglich der Präzision des Klassifizierungsverfahrens und der Größe der Klassifizierung, beeinträchtigen. (vgl. Herlocker et al. 1999, S. 232 f.; Zhu und Wu 2004, S. 177)

3 Beschreibung der Literatur

In den folgenden Kapiteln wird ein Literaturüberblick zu den beiden Hauptkategorien des Collaborative Filtering, den speicherbasierten und modellbasierten CF Algorithmen, gegeben. An dieser Stelle ist zu betonen, dass in erster Linie Literatur vorgestellt wird, die Grundlagen und Entwicklungen des Collaborative Filtering beinhalten.

3.1 Literaturüberblick zu speicherbasierten Collaborative Filtering Algorithmen

Breese et al. (1998) erklären in ihrer wissenschaftlichen Arbeit das Konzept der speicherbasierten CF Algorithmen und vergleichen deren Performance mit den modellbasierten CF Algorithmen. Neben den aus Kapitel 2.5.1 vorgestellten Ähnlichkeitsmaßen werden hier zusätzlich das Default Voting, die Inverse User Frequency und die Case Amplification vorgestellt.

Das Default Voting d ist eine Erweiterung zum Korrelationsalgorithmus, deren Relevanz Aufmerksamkeit findet, wenn nur wenige abgegebene Bewertungen, sowohl vom aktiven Nutzer a, als auch von dessen Nachbarn j, für dieselben Objekte vorzufinden sind. In diesem Zusammenhang liefert die Berechnung der Korrelation verzerrte Ergebnisse. Durch die Annahme eines Standardwerts für Objekte die nicht explizit bewertet wurden, kann diesem Problem entgegengesteuert werden. Hierbei werden grundsätzlich alle Objektbewertungen, sowohl vom aktiven Nutzer a als auch Nachbarn j, berücksichtigt und daraus der Korrelationswert berechnet. In den meisten Fällen deutet d auf eine neutrale oder negative Präferenz eines nicht betrachteten Objekts hin.

Die Inverse User Frequency verfolgt im Kontext von Collaborative Filtering die Idee, allgemein die Gewichtung für beliebte Objekte zu reduzieren, da diese bei der Ähnlichkeitsberechnung eine geringere Nützlichkeit aufweisen als weniger bekannte Objekte. Für die Anwendung der Inverse User Frequency wird die Kosinus-Ähnlichkeit herangezogen und transformiert, welche in Gleichung (13) dann folgendermaßen definiert ist:

$$w(a, i) = \frac{\sum_j f_j \sum_j f_j v_{a,j} v_{i,j} - (\sum_j f_j v_{a,j})(\sum_j f_j v_{i,j})}{\sqrt{UV}}$$

(13)

mit

$$U = \sum_j f_j \left(\sum_j f_j v_{a,j}^2 - \left(\sum_j f_j v_{a,j} \right)^2 \right)$$

$$V = \sum_j f_j \left(\sum_j f_j v_{i,j}^2 - \left(\sum_j f_j v_{i,j} \right)^2 \right)$$

Hierbei wird f_j definiert als $\log \frac{n}{n_j}$ wobei n_j die Anzahl an Nutzern repräsentiert, die Objekt j bewertet haben. f_j wird dabei als eine Häufigkeit betrachtet die als Gewichtung fungiert. Die Variable n hingegen ist die Gesamtanzahl an Nutzern in der Datenbank. $v_{a,j}$ bezeichnet die Bewertung des aktiven Nutzers a für das Objekt j und $v_{i,j}$ des Nutzers i für das Objekt j.

Die Case Amplification ist ebenfalls eine Transformation, die innerhalb der Formel zur Vorhersageberechnung angewendet wird. Hierbei wird die Gewichtung $w_{a,i}$ hervorgehoben, d.h. Gewichtungen werden unter bestimmten Bedingungen verstärkt oder abgeschwächt, wie Gleichung (14) zeigt:

$$p_{a,j} = \bar{v}_a + \kappa \sum_{i=1}^{n} w(a,i)(v_{i,j} - \bar{v}_i)$$

$$(14)$$

$$w'_{a,i} = \begin{cases} w_{a,i}^{\rho} & if \ w_{a,i} < 0 \\ -(-w_{a,i}^{\rho}) & if \ w_{a,i} \geq 0 \end{cases}$$

Für das Experiment in der wissenschaftlichen Arbeit von Breese et al. (1998) wurde ein Wert von 2,5 festgelegt.

Für die Evaluation der Empfehlungsqualität der verschiedenen Algorithmen in dieser Arbeit werden zwei Vergleichsgrößen, die durchschnittliche absolute Abweichung (siehe Gleichung 15) und das Rank Scoring (siehe Gleichung 16), verwendet. Hierbei werden die Nutzerdaten der beiden Vergleichsgrößen in Trainingssätze und Testsätze unterteilt.

Bei der durchschnittlichen absoluten Abweichung S_a repräsentiert m_a die Anzahl der vorhergesagten Bewertungen in Testsätzen für den aktiven Fall. $p_{a,j}$ definiert die Wahrscheinlichkeit, dass ein aktiver Nutzer a eine bestimmte Bewertung für

Objekt j abgibt, basierend auf vorher beobachtete Bewertungen. $v_{a,j}$ beschreibt die Bewertung des aktiven Nutzers a für ein Objekt j.

$$S_a = \frac{1}{m_a} \Sigma_{j \in P_a} |p_{a,j} - v_{a,j}|$$

(15)

Mithilfe des Rank Scoring R wird die Wahrscheinlichkeit geschätzt, mit der der Nutzer, das Objekt anhand einer Rangliste auswählen wird. Hierbei ist R_a der erwartete Nutzen und R_a^{max} der maximal erreichbare Nutzen, wenn alle betrachteten Objekte ganz oben auf der Liste stehen und nach Bewertung geordnet sind.

$$R = 100 \frac{\Sigma_a R_a}{\Sigma_a R_a^{max}}$$

(16)

In der Arbeit von Breese et al. (1998) werden die Performance und Empfehlungsqualität von modellbasierten CF Algorithmen wie dem Bayessche Netz (siehe Kapitel 3.2) und den Cluster-Modellen (siehe S.31) mit den Ausprägungen der speicherbasierten CF Algorithmen wie der Kosinus-Ähnlichkeit (siehe Kapitel 2.5.1), das Default Voting und der Case Amplification, verglichen. Hierbei verwenden Breese et al. (1998) für die Evaluation Datensätze von MS Web, Neilsen und Each-Movie. Auf Basis der Untersuchungen konstatieren Breese et al. (1998), dass das Bayessche Netz als auch die Korrelationsmethoden (Default Voting, Inverse User Frequency, Case Amplification) die Cluster Modelle und die Kosinus-Ähnlichkeit bzgl. der Performance übertreffen. Das Bayessche Netz weist aufgrund geringerer Speicheranforderungen schnellere Empfehlungen auf als die Korrelationsmethoden, erfordert jedoch lange Lernphasen.

Delgado und Ishii (1999) betrachten Empfehlungssysteme als einen „Pool" unabhängiger Vorhersage-Algorithmen für jeden Nutzer, mit dem Ziel bei der Vorhersagegenerierung so wenige Fehler wie möglich zu machen. In diesem Zusammenhang stellen sie den Memory-based Weighted-Majority (MbWM)-Algorithmus vor, welcher eine Kombination aus speicherbasierten Vorhersagen und Online-Vorhersagen darstellt.

Infolgedessen muss die allgemeine Formel für die Vorhersagegenerierung zu einer individuellen Vorhersage umgewandelt werden. Die vorhergesagte Bewertung Objekt j sieht dann folgendermaßen aus:

$$x_{a,i,j} = \bar{v}_a + ws(a,i)(v_{i,j} - \bar{v}_i)$$

$$(17)^2$$

$x_{a,i,j}$ bezeichnet hierbei die Relation zwischen dem aktiven Nutzer a, Nachbarn i und Objekt j. $\bar{v}_a$ und $\bar{v}_i$ sind hierbei der Mittelwert des aktiven Nutzers a und des Nachbarn i.

Die Formel für die weighted-majority Vorhersage wird ebenfalls mit $x_{a,i,j}$ angepasst, wie in Gleichung (18) zu sehen ist.

$$p_{a,j} = \frac{\sum_{i=1}^{n} w_{a,i}(x_{a,i,j})}{\sum_{i=1}^{n} w_{a,i}}$$

$$(18)$$

Der Wertebereich der Vorhersage liegt hierbei sowohl bei der Ausgangsformel, als auch bei der angepassten Formel zwischen 0 und 1. Delgado und Ishii (1999) erklären zu dem MbWM-Algorithmus die verschiedenen Vorgehensweisen bezüglich der Aktualisierungsschritte der Gewichtung $wc_{a,i}$. Bei diesem Verfahren wird jede Gewichtung mit einem Faktor γ multipliziert. Der aus der Praxis geläufigste Aktualisierungsschritt ist die Aktualisierung der Gewichte, wenn die Vorhersage fehlerhaft ist (vgl. Littlestone und Warmuth 1994, S. 15 f.).

Delgado und Ishii (1999) kommen in Ihrer Arbeit zu der Schlussfolgerung, dass der MbWM-Algorithmus sowohl bei der Vorhersageberechnung, als auch bei der Anpassung auf Veränderungen schnell reagiert und gleichzeitig präzise arbeitet. Ein Nachteil ist jedoch, dass diese auf einer Zielfunktion aufbauen, was bei der Nutzung von Informationen von unabhängigen Zielfunktioen zu Ineffizienz führ

Sarwar et al. (2001) untersuchen in ihrer wissenschaftlichen Arbeit das Problem der der Skalierbarkeit und Empfehlungsqualität von CF Algorithmen. Zur Lösung dieses Problems verwenden sie die speicherbasierten CF Algorithmen mit den modellbasierten CF Algorithmen. Hierbei wird das Ähnlichkeitsmaß vorberechnet, um die Online-Skalierbarkeit zu verbessern. Als Ähnlichkeitsmaß werden der Pearson-Korrelationskoeffizient, die Kosinus-Ähnlichkeit sowie die angepasste Kosinus-Ähnlichkeit herangezogen, von denen Letztere das beste Resultat erzielt hat und folglich für das Experiment verwendet wird, wie in Abbildung 6 zu sehen.

---

2    $\bar{v}_i$ wurde in der Quelle fälschlicherweise mit $\bar{v}_j$ bezeichnet (vgl. Delgado und Ishii 1999, S. 3)

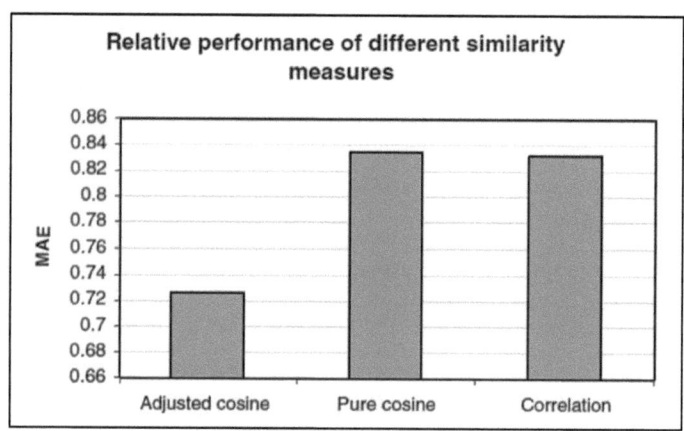

Abbildung 6: Relative Performance der herangezogenen Ähnlichkeitsmaße
Quelle: Sarwar et al. (2001, S. 291)

Für das Experiment werden Datensätze des MovieLens Empfehlungssystems verwendet, welches über 43.000 Nutzer verfügt, die mehr als 3.500 verschiedene Filme bewertet haben. Im Rahmen hiervon werden 100.000 abgegebene Bewertungen zufällig ausgewählt, die von Nutzern stammen, die 20 Filme oder mehr bewertet haben. Zur Qualitätsmessung wird hier die MAE herangezogen. Sarwar et al. (2001, S. 291–293) kommen zu dem Ergebnis, dass modellbasierte CF Algorithmen gegenüber speicherbasierten überlegen sind, da sie sowohl auf große Datensätze skalierbar sind und eine hohe Objektempfehlungsqualität nachweisen.

Kai Yu et al. (2004) thematisieren in ihrer Arbeit das Probabilistic Memory-Based Collaborative Filtering (PMCF), das sowohl das New User Problem als auch das Problem der Berechnungskosten des speicherbasierten CF bewerkstelligt. Die Arbeit analysiert das PMCF und setzt den Schwerpunkt der Rezension auf die Präzision von Vorhersagen (siehe Kapitel 2.7), dem interaktiven Lernen von Nutzerprofilen, der Effizienz, der inkrementellen Aufnahme neuer Daten und Verständlichkeit. Kai Yu et al. (2004) vergleichen in ihrer Arbeit die Performance des PMCF mit anderen bewährten CF Methoden wie dem speicherbasierten CF (mit Pearson-Korrelationskoeffizienten als Ähnlichkeitsmaß), dem bayesschen Netz CF und dem naiven bayesschen Netz CF. In diesem Zusammenhang werden für die Anwendung des PMCF die Datensätze von EACHMOVIE (72916 Nutzer, 1628 Filme, durchschnittlich 30 Bewertungen/Nutzer) und JESTER (17998 Nutzer, 100 Witze, durchschnittlich 50 Bewertungen/Nutzer) herangezogen. Als Evaluationsmetriken werden für diese Untersuchen Precision, Recall und MAE verwendet.

Kai Yu et al. (2004) kommen anhand ihrer Untersuchung zu der Schlussfolgerung, dass PMCF den CF Methoden (speicherbasiert, bayessche Netz, naives bayessche Netz) sowohl in der Präzision der Vorhersagegenerierung als auch der Empfehlungsgenerierung, übertreffen. Es sollte auch nicht unerwähnt bleiben, dass die Vorhersagegeschwindigkeit des PMCF-Modells auf Basis einer ausgewählten Datenmenge, höher ist als ein PMCF-Modell, welches mit der gesamten Datenmenge arbeitet. Andererseits nimmt dafür die Performancequalität minimal ab. Kai Yu et al. (2004) deuten darauf hin, dass die Effizienz bezogen auf das Active Learning noch verbessert werden muss.

Adomavicius und Tuzhilin (2005) führen in ihrer wissenschaftlichen Arbeit die inhaltsbasierenden, die kollaborativen und die hybriden Empfehlungsmethoden an. Im Rahmen des Collaborative Filtering erläutern Adomavicius und Tuzhilin (2005) das Grundkonzept der speicherbasierten CF Algorithmen und stellen dabei die Ähnlichkeitsmaße, den Pearson-Korrelationskoeffizienten und die Kosinus-Ähnlichkeit, vor.

Ebenfalls wird neben den allgemeinen Problemen des Collaborative Filtering aus Kapitel 2.7 das New Item Problem erwähnt, welches das Problem neu hinzugefügter Objekte in CF Systeme beschreibt, die anfangs noch ohne Bewertung sind. Dementsprechend müssen die neuen Objekte erstmal eine bestimmte Anzahl an Bewertung erhalten, um vom CF System empfohlen werden zu können.

Schafer et al. (2007) führen in ihrer Arbeit das Konzept der Collaborative Filtering Empfehlungssysteme an und beschreiben dessen Entstehung, welche mit der Entwicklung des Tapestry-Systems begann (vgl. Goldberg et al. 1992, S. 61–63). Des Weiteren werden Ausprägungen des Collaborative Filtering näher erläutert. Dabei werden ebenso die speicherbasierten CF Algorithmen (siehe Kapitel 2.5.1) beschrieben sowie deren Ausprägungen. Außerdem wird hier der in der Praxis am häufigsten verwendete „Nächster-Nachbar"-Algorithmus näher erläutert, der bereits in Kapitel 2.5.1 vorgestellt wurde. In diesem Zusammenhang stellen Schafer et al. (2007) die allgemeinen Herausforderungen der speicherbasierten CF Algorithmen vor. Ein häufig auftretendes Problem ist die spärliche Datenverfügbarkeit an Bewertungen, wodurch es bei der Berechnung des Pearson-Korrelationskoeffizienten aufgrund der falschen Auswahl der Nachbarschaft zu einer Verzerrung des Ergebnisses kommen kann.

Ein weiteres Problem des Pearson-Korrelationskoeffizienten ist die Interpretation der Zustimmung von Objekten, wenn beispielweise die Zustimmung zweier Nutzer zu einem weltweit anerkannten Film weniger Wert ist als die Zustimmung zu einem umstrittenen Film. Zudem haben große E-Commerce-Seiten wie Amazon.com Probleme mit der Berechnung einer Empfehlung für einen Nutzer, da diese sehr kosten- und zeitintensiv ist. Hierfür verweisen Schafer et al. (2007) zwei mögliche Techniken aus der Forschung, das Subsampling und das Clustering , die das Problem lösen können.

Das Subsampling beschreibt den Vorgang einer Vorselektierung von Nutzern, die passend für die Berechnung der Vorhersage herangezogen werden. Die Berechnungszeit der Nachbarschaft bleibt unverändert, jedoch können mit dieser Technik präziser passende Nachbarn herausgesucht werden.

Laut Linden et al. (2003, S. 77 f.) stellt ein Cluster eine Ansammlung von Nutzern dar, deren Präferenzen sich ähneln. Der Nutzer wird somit mit einer Gruppe von Nutzern verglichen anstatt mit individuellen Nutzern. Clustering Algorithmen verfolgen das Ziel, die ähnlichsten Nutzer demselben Cluster zuzuordnen. Anschließend wird innerhalb des Clusters anhand von Käufen und Bewertungen die Objektempfehlung generiert.

Su und Khoshgoftaar (2009) geben einen Überblick über die Collaborative Filtering Techniken. Hierbei präsentieren sie die drei Hauptkategorien des Collaborative Filtering, darunter auch die speicherbasierten CF Algorithmen. Außerdem werden in dieser Arbeit die generellen Herausforderungen (siehe Kapitel 2.7) des Collaborative Filtering beschrieben und entsprechende Lösungsansätze näher erläutert. Zusätzlich zu den Herausforderungen wird hier die Erklärbarkeit erwähnt, welche ebenso ein wichtiges Kriterium im Kontext von Empfehlungssystemen ist. Hierbei werden Begründungen für den Kauf eines Objekts abgegeben, wie beispielsweise „Sie werden dieses Buch mögen, da sie die anderen auch mögen", um Nutzern bei der Kaufentscheidung zu helfen (vgl. Koren 2008, S. 333). In der Praxis geht eine gute Erklärbarkeit jedoch nicht mit der Präzision von Objektempfehlungen einher.

Su und Khoshgoftaar (2009) stellen aus der Praxis bekannte Ähnlichkeitsmaße (siehe Kapitel 2.5.1) vor, die zur Lösung dieser Herausforderung beitragen sollen. In ihrer Arbeit werden hier zusätzlich die Imputation-Boosted Algorithmen vorgestellt.

Diese Algorithmen sprechen das Problem der spärlichen Datenverfügbarkeit an, welche die Generierung präziser Vorhersagen anhand des Pearson-Korrelationskoeffizienten erschwert. Dabei werden im Rahmen des sogenannten Impuation-Boosted Collaborative Filtering (IBCF) den fehlenden Daten in der

$n \times m$ Matrix Werte zugerechnet, wie in Abbildung 7 zu erkennen ist (vgl. Su et al. 2008a, S. 949 f. 2008b, S. 212 f.)

(a)

	I_1	I_2	I_3	I_4	I_5
U_1			4		
U_2	2		4	3	
U_3		3	3	3	3
U_4		4		2	

(b)

	I_1	I_2	I_3	I_4	I_5
U_1	2	3	4	2	3
U_2	2	3	4	3	3
U_3	2	3	3	3	3
U_4	2	4	3	2	3

Abbildung 7: (a) ursprüngliche Bewertungsdaten, (b) zugerechnete Bewertungsdaten
Quelle: eigene Darstellung in Anlehnung an Su et al. (2008, S. 949)

Für dieses Verfahren werden zuerst die vorhandenen Bewertungsdaten in Untermengen aufgeteilt. Anschließend werden Techniken wie z. B. die Machine Learning[3] Klassifizierung für die Zurechnung der fehlenden Werte angewendet. Zum Schluss wird anhand der neu zugerechneten Bewertungsdaten der Pearson-Korrelationskoeffizient und auf Basis dessen die Vorhersage ausgerechnet. (vgl. Su et al. 2008b, S. 313 f.)

Den Abschluss dieses Kapitels bildet eine tabellarische Zusammenfassung der vorgestellten Literatur, die aus Tabelle entnommen werden kann.

---

[3] künstliche Generierung von Wissen und Erfahrung eines Systems anhand von Beispielen aus der Praxis (vgl. Goldberg und Holland 1988, S. 95)

Autor	Thema	Techniken	Ähnlichkeitsmaß
Breese et al. (1998)	Evaluation der Empfehlungsqualität zwischen modellbasierten und speicherbasierten CF Algorithmen	Nächster-Nachbar Vorhersageberechnung, Inverse User Frequency, Default Voting, Case Amplification	Pearson-Korrelationskoeffizient, Kosinus-Ähnlichkeit
Delgado & Ishii (1999)	Vorstellung des Memory-Based Weighted-Majority Algorithmus	Memory-Based Weighted-Majority	Kosinus-Ähnlichkeit
Sarwar et al. (2001)	Evaluation der Qualität und Skalierbarkeit von modellbasierten und speicherbasierten CF Algorithmen anhand der Modellgröße und Sensitivität	Nächster-Nachbar Methode Ähnlichkeitsberechnung, Vorberechnung der Ähnlichkeitsmaße	wurde nicht erwähnt
Kai Yu et al. (2004)	Evaluation der Performance des Probabilistic Memory-Based CF im Vergleich mit speicherbasiertem CF, bayesschen Netz und naivem bayesschen Netz	Probabilistic Memory-Based Collaborative Filtering	wurde nicht erwähnt
Adomavicius & Tuzhilin (2005)	Allgemeiner Überblick zu Empfehlungssystemen (inhaltsbasierend, collaborative, hybrid)	Nächster-Nachbar, Default Voting, Case Amplification, Weighted-Majority Prediction	Pearson-Korrelationskoeffizient, Kosinus-Ähnlichkeit,
Schafer et al. (2007)	Allgemeine Erläuterung speicherbasierter CF Algorithmen	Nächster-Nachbar Vorhersageberechnung, Subsampling, Clustering	Pearson-Korrelationskoeffizient
Su & Khoshgoftaar (2009)	Allgemeine Erläuterung speicherbasierter CF Algorithmen	Ähnlichkeitsberechnung, Nächster-Nachbar Vorhersageberechnung, Top-N Empfehlungen, Default Voting, Inverse User Frequency, Imputation-Boosted CF Algorithmen	Pearson-Korrelationskoeffizient, Kosinus-Ähnlichkeit, angepasste Kosinus-Ähnlichkeit

Tabelle 5: Literaturüberblick zum Thema "Speicherbasierte CF Algorithmen"
Quelle: eigene Darstellung

3.2 Literaturüberblick zu modellbasiertem Collaborative Filtering Algorithmen

Breese et al. (1998) beziehen sich in Ihrer wissenschaftlichen Arbeit auf die Cluster Modelle (siehe S.31) und das Bayessche Netz, zwei Ausprägungen von modellbasierten CF Algorithmen. Mit dem Bayesschen Netz werden anhand von Entscheidungsbäumen bedingte Wahrscheinlichkeiten für die Ausprägung bestimmter Variablen berechnet. Die Knoten dieser Entscheidungsbäume repräsentieren die Objekte und die Kanten die mögliche Bewertung für die Objekte. Die Komplexität der Entscheidungsbäume und der Lernalgorithmen steigt an, wenn Daten fehlen. Breese et al. (1998) bezeichnen diese fehlenden Daten mit dem Zustand „no vote". Diese führen zu einer ansteigenden Komplexität und wirken sich auf die Rechenzeit des Lernalgorithmus nachteilig aus.

Für die Evaluation der Empfehlungsqualität der verschiedenen Algorithmen in dieser Arbeit werden die durchschnittliche absolute Abweichung S_a (siehe Gleichung 15) und das Rank Scoring R (siehe Gleichung 16) berücksichtigt.

Auf Basis der Untersuchungen konstatieren Breese et al. (1998), dass das Bayessche Netz sowohl die Korrelationsmethoden (Default Voting, Inverse User Frequency, Case Amplification), als auch die Cluster-Modelle und die Kosinus-Ähnlichkeit bzgl. der Performance übertreffen. Das Bayessche Netz weist aufgrund geringerer Speicheranforderungen schnellere Empfehlungen auf als die Korrelationsmethoden, erfordert jedoch lange Lernphasen.

B. M. Sarwar et al. (2000) geben in ihrer wissenschaftlichen Arbeit zu Bedenken, dass aufgrund der Tatsache, dass die meisten CF Systeme mit dem „Nächster-Nachbar"-Algorithmus arbeiten, diese allerdings bei der Generierung von Vorhersagen und Empfehlungen an ihre Grenzen stoßen. Dies liegt unter anderem an Herausforderungen wie der spärlichen Datenverfügbarkeit, der Skalierbarkeit oder der Synonymie. Dementsprechend untersuchen sie, anhand zweier unterschiedlicher Experimente, die vielversprechende „Singular Value Decomposition (SVD)" Technik, die die Dimensionsreduktion von Datenbanken ermöglicht. Mithilfe beider Experimente wird die Qualität eines Empfehlungssystems, das die SVD Technik anwendet, mit einem, das das Collaborative Filtering anwendet, verglichen. Das Konzept der SVD verfolgt zum einen die Aufgabe, latente Beziehungspunkte zwischen Nutzern und Objekten zu erfassen, um die Vorhersagewahrscheinlichkeit bestimmter Objekte für einen Nutzer berechnen zu können, zum anderen eine niedrigdimensionale Darstellung von der originalen Nutzer-Objekt-Matrix zu erzeugen. Anschließend wird eine Liste der Top-N Objektempfehlungen für den Nutzer generiert.

Das erste Experiment stellt die Effektivität beider ES bezüglich der Vorhersage von Nutzerpräferenzen gegenüber. Beide ES greifen hierbei auf eine Datenbank expliziter Bewertungen (siehe Kapitel 2.2) zurück. Hierfür wurden Datensätze des MovieLens ES zur Verfügung gestellt, von denen zufällig 100.000 abgegebene Filmbewertungen ausgesucht wurden. Es wurden dabei nur Nutzer berücksichtigt, die mindestens 20 Filmbewertungen abgegeben haben.

Für das zweite Experiment werden beide ES bezüglich der Erstellung von Top-N Objektlisten verglichen. Hier greifen die beiden ES auf real-life Nutzer-Kaufdaten einer E-Commerce-Seite zurück. Für dieses Experiment wurden Datensätze einer großen E-Commerce-Seite herangezogen, welche 97.045 Kaufdaten von 6.502 Nutzern zu 23.554 Objekten beinhaltet.

B. M. Sarwar et al. (2000) legen für die Evaluation bezüglich der Vorhersage die Qualitätsmetrik MAE und für die Empfehlung die F1-Metrik fest. Die F1-Metrik ist eine Kombination aus den Evaluationsmetriken Precision und Recall. (siehe beide in Kapitel 2.6.2), wie Gleichung (19) zeigt (vgl. Yang und Liu 1999, S. 43). Aufgrund dessen, dass

$$F1 = \frac{2 \times Recall \times Precision}{(Recall + Precision)}$$

(19)

B. M. Sarwar et al. (2000) konstatieren anhand der Studien, dass die SVD Technik eine Lösung für die angesprochenen Probleme sein kann, da sie bessere Ergebnisse basierend auf den Datensätzen von MovieLens als das traditionelle Collaborative Filtering liefern. Sie weist vor allem eine schnelle Online-Performance auf und benötigt dafür nur wenige arithmetische Operationen pro Empfehlung. Jedoch liefert die SVD Technik schlechtere Ergebnisse als das traditionelle Collaborative Filtering unter der Bedingung spärlicher Datensätze der E-Commerce-Seite.

Linden et al. (2003) vergleichen die Performance des modellbasierten CF Algorithmus (auch item-to-item CF) von Amazon mit drei aus der Praxis geläufigen Empfehlungssystemen: dem Collaborative Filtering, dem Cluster-Modell und den suchbasierten Methoden.

Laut Linden et al. (2003, S. 77 f.) stellt ein Cluster eine Ansammlung von Nutzern dar, deren Präferenzen sich ähneln. Das Problem der Empfehlungsgenerierung wird hier somit als Klassifizierungsproblem betrachtet. Dementsprechend bedeutet dies eine Aufteilung des Nutzerstamms in mehrere Cluster, mit dem Ziel die ähnlichsten Nutzer demselben Cluster zuzuordnen. Anschließend wird innerhalb des Clusters anhand von Käufen und Bewertungen die Objektempfehlung generiert. Linden et al. (2003, S. 77 f.) unterstreichen, dass Cluster Modelle im Vergleich zum Collaborative Filtering sowohl eine bessere Online-Skalierbarkeit, als auch eine bessere Performance aufweisen. Dies hängt damit zusammen, dass durch die Zuordnung der Nutzer in Segmente nicht der gesamte Nutzerstamm betrachtet wird, sondern nur die Nutzer gehörend zum Cluster, was in einer geringeren Komplexität resultiert. Die Empfehlungsqualität ist hierbei jedoch niedrig.

Die suchbasierten (oder inhaltsbasierten) Methoden betrachten das Problem der Empfehlungsgenerierung als eine Suche nach ähnlichen Objekten, die anhand einer Suchabfrage ausgeführt wird. Hierbei werden beispielsweise andere beliebte

Objekte zu einem bestimmten Autor, Genre, Suchwort etc. gesucht. Selbst bei einer geringen Nutzerdatenverfügbarkeit wie z. B. Käufe oder Bewertungen, ist die Performance und Skalierbarkeit des Algorithmus gut. Bei einer großen Nutzerdatenverfügbarkeit, wie beispielsweise Tausende von Käufen, ist jedoch die Empfehlungsqualität relativ schwach, aufgrund der Tatsache, dass Empfehlungen dann zu allgemein oder zu eingeschränkt sind. Die Empfehlungsgenerierung bei Amazon.com ist an den modellbasierten CF Algorithmus angelehnt. Die Empfehlungen werden dabei basierend auf den Objekten im Einkaufswagen angepasst und sind darauf bedacht, Impulskäufe anzuregen, wie in Abbildung 6 zu sehen ist.

Abbildung 8: Amazon.com Empfehlung basierend auf den Einkaufswagen des Nutzers
Quelle: Amazon.com (2017)

Im Falle von Amazon.com, das über Millionen von Nutzern und Objekten verfügt, entwickelten Linden et al. (2003, S.78) den Algorithmus weiter, damit dieser auch auf große Datensätze skalierbar ist und qualitativ hochwertige Empfehlungen in Echtzeit generieren kann. Beim Vergleich dieser vier Empfehlungssysteme wurde die Skalierbarkeit als Vergleichsgröße festgelegt. Linden et al. (2003, S.79) konstatieren, dass der Empfehlungsalgorithmus von Amazon.com auf große Datensätze skalierbar ist und gleichzeitig schnell auf Nutzerdatenänderungen reagiert. Die Empfehlungsqualität ist hierbei, unabhängig von der Datenverfügbarkeit, hoch.

Sarwar et al. (2001) untersuchen in ihrer wissenschaftlichen Arbeit das Problem der der Skalierbarkeit und Empfehlungsqualität von CF Algorithmen. Zur Lösung dieses Problems verwenden sie wie einen modellbasierten Ansatz, mit welchem das Ähnlichkeitsmaß vorberechnet wird, um die Online-Skalierbarkeit zu verbessern. Hierfür wird die angepasste Kosinus-Ähnlichkeit herangezogen.

Für das Experiment werden Datensätze des MovieLens Empfehlungssystems verwendet, welches über 43.000 Nutzer verfügt, die mehr als 3.500 verschiedene Filme bewertet haben. Im Rahmen hiervon werden 100.000 abgegebene Bewertungen zufällig ausgewählt, die von Nutzern stammen, die 20 Filme oder mehr bewertet haben. Zur Qualitätsmessung wird hier die MAE herangezogen. Sarwar et al. (2001, S. 291–293) kommen zu dem Ergebnis, dass modellbasierte CF Algorithmen auf größere Datensätze skalierbar sind sowie eine hohe Objektempfehlungsqualität nachweisen.

Schafer et al. (2007) verweisen in ihrer Arbeit auf grundlegende Ausprägungen des Collaborative Filtering hin. Dabei werden ebenso die modellbasierten CF Algorithmen (siehe Kapitel 2.5.2) beschrieben, sowie deren Ausprägungen. Schafer et al. (2007) beschreiben zudem die Probleme aus der Praxis, mit denen modellbasierte CF Algorithmen zu kämpfen haben, wie z. B. eine geringe Bewertungsanzahl bei Objekt-Paaren, die zu unpräzisen Vorhersagegenerierungen führen können, welche definitiv vermieden werden sollten.

Ein Lösungsansatz für dieses Problem ist eine Dimensionsreduktion, da beispielsweise E-Commerce-Seiten mit Millionen von Nutzern und Objekten das Problem mit einer spärlichen Datenverfügbarkeit haben. Dementsprechend reduziert die Dimensionsreduktion die Durchlaufgeschwindigkeit und führt zu einer größeren Anzahl gemeinsam bewerteter Objekt-Paare. Der Nachteil, den eine Dimensionsreduktion jedoch mit sich bringt ist, dass sie eine teure Offline-Berechnung erfordert.

Eine weitere Möglichkeit, das Problem der Vorhersagegenerierung zu lösen, ist die Anwendung der Assoziationsregel, deren Modelle sich an bestimmten Bewertungsmustern orientieren. Wenn ein aktiver Nutzer ein Objekt i sehr positiv bewertet, so bewertet dieser oft auch Objekt j sehr positiv. Ebenfalls wird hier das Bayessche Netz vorgestellt, welches in der wissenschaftlichen Arbeit von Breese et al. (1998) bereits erläutert wurde. Ebenso werden die unterschiedlichen Anforderungen zwischen Vorhersage und Empfehlung gegenübergestellt.

Eine Objektempfehlung setzt voraus, dass das System Informationen über eine Teilmenge der Gesamtobjektzahl verfügt, was zu geringeren Speicheranforderungen und schnelleren Berechnungszeiten führt (vgl. Sarwar et al. 2001, S. 287; Linden et al. 2003, S. 76 f.). Eine Vorhersage hingegen erfordert laut Schafer et al. (2007) ein System, das in der Lage ist, Informationen über die Gesamtanzahl an Objekten zu speichern.

Ein weiteres ausführliches Thema in dieser wissenschaftlichen Arbeit sind die Bewertungen, welche in Kapitel 2.2 bereits vorgestellt wurden. Des Weiteren werden einige Evaluationsmetriken (siehe Kapitel 2.6) vorgestellt, wie z. B. MAE und Precision, aber auch Metriken anderer relevanter Kriterien, wie beispielsweise Coverage (siehe Kapitel 2.7), Neuheit oder Nutzerzufriedenheit etc. Schafer et al. (2007) beschreiben zudem die aktuellen Herausforderungen des Collaborative Filtering bezüglich der Privatsphähre und Sicherheit (siehe Kapitel 2.7) sowie dem Vertrauen. Im Anschluss dieser Arbeit wird anhand offener Fragen das Collaborative Filtering System bezüglich der Algorithmen und dem Verhalten der CF Systemen, kritisch beäugt.

Su und Khoshgoftaar (2009) geben einen Überblick über die Collaborative Filtering Techniken. Hierbei präsentieren sie die drei Hauptkategorien des Collaborative Filtering, darunter auch die modellbasierten CF Algorithmen. Hierbei geben sie einen Überblick über die verschiedenen Techniken der modellbasierten CF Algorithmen. Es werden die verschiedenen Algorithmen des Bayesschen Netzes (siehe S.31), die Clustering CF Algorithmen, die regressionsbasierten CF Algorithmen, Markov decision process (MDP)-Based CF Algorithmen, Latent Semantic CF Modelle und andere, näher erläutert.

Ein Cluster ist eine Sammlung von Datenobjekten, die sich innerhalb dieses in ihren Merkmalen ähneln, jedoch verglichen mit Datenobjekten anderer Cluster sich unterscheiden (vgl. Han et al. 2011, S. 383). Die Arbeit lehnt sich für die Ähnlichkeitsberechnung zwischen Objekten methodisch an die Minkowski Distance. Für die Ähnlichkeitsberechnung zweier Objekte X und Y ist sie folgendermaßen formuliert:

$$d(X,Y) = \sqrt[q]{\sum_{i=1}^{n} |x_i - y_i|^q}$$

(20)

n beschreibt hier die Dimensionsanzahl der Objekte, während x_i und y_i die Werte der beiden Objekte bilden. q stellt einen positiven Integer dar. Ist $q = 1$, so repräsentiert d die Manhattan Distance und bei $q = 2$ die Euclidian Distance, auf die in dieser Arbeit nicht näher eingegangen werden muss.

Regressionsbasierte CF Algorithmen verfolgen im Kontext von Empfehlungssystemen das Ziel, basierend auf dem Regressionsmodell, Vorhersagen anhand eines Näherungsverfahrens für Bewertungen abzuleiten. Repräsentiert $X = (X_1, X_2, ..., X_n)$ beispielsweise die Präferenzen eines Nutzers für unterschiedliche Objektet, so ergibt sich folgendes lineares Regressionsmodell:

$$Y = \Lambda X + N$$

(21)

In diesem Zusammenhang stellt Λ eine $n \times k$ Matrix dar, während $N = (N_1, ..., N_n)$ nicht interpretierbare Informationen bezüglich der Wahl des Nutzers beschreibt. Y hingegen weist auf eine $n \times m$ Matrix hin mit Y_{ij}, welches die Bewertung von Nutzer i für das Objekt j bezeichnet.

Bei den MDP-based CF Algorithmen wird der Prozess der Empfehlungsgenerierung nicht als Vorhersageproblem, sondern als ein sequenzielles Optimierungsproblem betrachtet. In diesem Zusammenhang wenden Empfehlungssysteme MDPs-Modelle an, welche sowohl den Vorteil einer langfristigen Betrachtung der Auswirkungen einzelner Empfehlungenen, als auch deren Erwartungswerte, mit sich bringt. (vgl. Shani et al. 2005, S. 1265)

Latent Semantic CF Algorithmen, welche erstmals Anwendung in Information-Retrieval-Systemen fanden, verfolgen das Ziel das Problem der Polysemie zu reduzieren, sprich die Mehrdeutigkeit von Begriffen unterscheiden zu können sowie sich ähnelnde Begriffe, die im Kontext stehen, zu gruppieren. Ein Beispiel für dieses Konzept wäre der Begriff „Schiff", welchem nach dem Latent Semantic Verfahren die Begriffe „Boot", „Kreuzfahrt", „Yacht" etc. zugeordnet werden können. Die Latent Semantic CF Algorithmen haben im Vergleich zu den üblichen speicherbasierten Methoden den Vorteil einer höheren Präzision und Skalierbarkeit. (vgl. Hofmann 2001, S. 177 f.; 2004, S. 90 f.)

Su und Khoshgoftaar (2009) führen zudem weitere modellbasierte CF Techniken wie der Maximum Entropy Ansatz, das Abhängigkeitsnetzwerk, die Entscheidungsbaum CF Modelle etc. an, die in ihrer Arbeit nur sekundär sind.

Die folgende Tabelle gibt abschließend einen zusammengefassten Überblick zu der vorgestellten Literatur im Hinblick auf das Thema „modellbasierte CF Algorithmen".

Autor	Thema	Techniken	Ähnlichkeitsmaß
Breese et al. (1998)	Evaluation der Empfehlungsqualität zwischen modellbasierten und speicherbasierten CF Algorithmen	Clustering Modelle, Bayessche Netz	wurde nicht erwähnt
B. M. Sarwar et al. (2000)	Untersuchung der Singular Value Decomposition (SVD) anhand zwei unterschiedlicher Experimente	SVD, Vorhersageberechnung, Top-N Empfehlungen	wurde nicht erwähnt
Linden et al. (2003)	Evaluation der Skalierbarkeit von CF, Cluster-Modellen und suchbasierter Methoden sowie dem modellbasierten CF Algorithmus von Amazon.com	Offline-Vorberechnung der Ähnlichkeitsmaße	Kosinus-Ähnlichkeit
Sarwar et al. (2001)	Evaluation der Qualität und Skalierbarkeit zwischen modellbasierten und speicherbasierten CF Algorithmen anhand der Modellgröße und Sensitivität	Vorberechnung der Ähnlichkeitsmaße	Pearson-Korrelationskoeffizient, Kosinusähnlichkeit, Angepasste Kosinus-Ähnlichkeit
Schafer et al. (2007)	Allgemeine Erläuterung modellbasierter CF Algorithmen	Nächster Nachbar Vorhersageberechnung, Dimensionsreduktion, Assoziationsregeln	Angepasste Kosinus-Ähnlichkeit
Su & Khoshgoftaar (2009)	Allgemeine Erläuterung modellbasierter Collaborative Filtering Algorithmen	Bayessche Netz, Clustering CF Algorithmen, regressionsbasierte CF Algorithmen, MDP-basierte CF Algorithmen, Latent Semantic CF Modelle etc.	Pearson-Korrelationskoeffizient, Kosinus-Ähnlichkeit, angepasste Kosinus-Ähnlichkeit

Tabelle 6: Literaturüberblick zum Thema "Modellbasierte CF Algorithmen"
Quelle: eigene Darstellung

4 Analyse der Literatur

In den folgenden Kapiteln werden aufbauend auf den in Kapitel 3 gegebenen Literaturüberblick, Gemeinsamkeiten und Abweichungen der vorgestellten Literatur zu den Themen „Speicherbasierte CF Algorithmen" und „Modellbasierte CF Algorithmen", erörtert.

4.1 Gemeinsamkeiten und Abweichungen: speicherbasierte CF Algorithmen

Beim Literaturüberblick zum Thema „Speicherbasierte CF Algorithmen" sind eindeutige Übereinstimmungen der theoretischen Grundlagen zu erkennen. Um Objektempfehlungen abgeben zu können, müssen zuerst Vorhersagen von Bewertungen basierend auf Ähnlichkeitsmaßen berechnet werden. Im Hinblick auf die Ähnlichkeitsmaße gibt es verschiedene Möglichkeiten der Berechnung. Die hierbei am weitesten verbreitetste ist der Pearson-Korrelationskoeffizient, der sowohl in älterer Literatur wie der von Breese et al. (1998, S. 44 f.), als auch in aktuellerer wie der von Su und Khoshgoftaar (2009, S. 5 f.) vorgestellt wird. Es sollte auch nicht unerwähnt bleiben, dass die Kosinus-Ähnlichkeit ebenfalls in der Literatur eine der am meisten angewendeten Ähnlichkeitsmaße ist, welche ebenfalls in der wissenschaftlichen Arbeit von Breese et al. (1998, S. 44 f.) vorgestellt wird, sowie auch vom Großteil der Autoren vorgestellt.

Su und Khoshgoftaar (2009, S. 5 f.) weisen zusätzlich, neben den beiden Ähnlichkeitsmaßen, auf die angepasste Kosinus-Ähnlichkeit für modellbasierte CF Algorithmen hin, die auch für die speicherbasierten CF Algorithmen verwendet werden kann. Im Gegensatz zur Kosinus-Ähnlichkeit kann die angepasste Kosinus-Ähnlichkeit auch das Ähnlichkeitsmaß basierend auf unterschiedlichen Nutzern, die unterschiedliche Bewertungsskalen verwenden, berechnen.

Sarwar et al. (2001, S. 287 f.) weisen zwar in ihrer Arbeit auf speicherbasierte CF Algorithmen sowie dazugehörigen aktuellen Herausforderungen hin, jedoch werden hier die Ähnlichkeitsmaße nicht vorgestellt. Aufgrund der Tatsache, dass der Fokus dieser Arbeit auf den modellbasierten CF Algorithmen liegt, werden deren Ähnlichkeitsmaße näher erläutert. Sarwar et al. (2001) konstatieren in ihren Untersuchungen, dass der speicherbasierte „Nächser-Nachbar" CF Algorithmus bezüglich der Qualität der Vorhersagegenerierung den modellbasierten CF Algorithmen unterlegen sind.

Kai Yu et al. (2004) stellen ebenso kein Ähnlichkeitsmaß vor, da der Schwerpunkt ihrer Arbeit auf der Evaluation der Performance eines entwickelten Probabilistic Memory-Based CF liegt, das mit dem speicherbasiertem CF, dem bayesschen Netz und dem naiven bayesschen Netz verglichen wird. Anhand ihrer durchgeführten Experimente kommen sie zu der Schlussfolgerung, dass hier das klassische speicherbasierte CF sowohl in der Qualität der Vorhersagegenerierung, als auch der Empfehlungsgenerierung dem PMCF unterlegen ist.

Eine weitere Erkenntnis ist, dass die „Nächster-Nachbar"-Methode auf Basis der analysierten Literatur sowohl für das speicherbasierte, als auch das modellbasierte CF anwendbar ist und daher in der Literatur stark vertreten ist. Die Herausforderungen wie spärliche Datenverfügbarkeit, Skalierbarkeit etc., mit denen sich der „Nächster-Nachbar"-Ansatz stetig auseinandersetzen muss, werden in der Literatur einstimmig wiedergegeben.

Breese et al. (1998), Su und Khoshgoftaar (2009) sowie Adomavicius und Tuzhilin (2005) stellen im Gegensatz zu den anderen betrachteten Literaturen neben den Ähnlichkeitsmaßen erweiterte Techniken zu den speicherbasierten CF Algorithmen vor. An dieser Stelle ist zu betonen, dass Adomavicius und Tuzhilin (2005, S.739) die erweiterten Techniken lediglich aufzählen und auf über ihre Arbeit hinausgehende Literatur hinweisen.

Breese et al. (1998) sowie Su und Khoshgoftaar (2009, S. 7 f.) stellen beide zudem die Inverse User Frequency Technik vor. Während Su und Khoshgoftaar (2009, S. 7 f.) diese nur oberflächlich beschreiben und auf weiterführende Literatur verweisen, erläutern Breese et al. (1998) die Inverse User Frequency Technik expliziter. Damit die Inverse User Frequency Anwendung findet, transformieren sie innerhalb der Formel der Kosinus-Ähnlichkeit die Bewertungen, indem sie diese mit dem Faktor f_j gewichten (vgl. Breese et al. 1998, S. 45).

Delgado und Ishii (1999) hingegen stellen als einzige die Weighted-Majority-Technik, einen sogennanten Online Learning Algorithmus, vor, der die allgemeinen Probleme des speicherbasierten CF lösen soll, welche der „Nächster-Nachbar"-Ansatz nicht lösen kann. Von Vorteil sind hierbei sind eine schnellere Vorhersagegenerierung sowie eine (bessere) Anpassung an Veränderungen.

Schafer et al. (2007) hingegen schlagen als Lösungsansätze für eine schnellere Berechnungsgeschwindigkeit sowohl das Subsampling, als auch das Clustering vor.

Dagegen weisen Su und Khoshgoftaar (2009) neben dem Default Voting und der Inverse User Frequency, zusätzlich noch auf die Imputation-Boosted CF

Algorithmen hin, welche im Kontrast zu Schafer et al. (2007) und Delgado und Ishii (1999) das Problem der Vorhersagegenauigkeit behandelt. In diesem Zusammenhang wird durch Ergänzung der Nutzer-Objekt-Matrix in Verbindung mit dem Pearson-Korrelationskoeffizienten die Bewertungsvorhersage generiert (vgl. Su et al. 2008a, S. 949).

4.2 Gemeinsamkeiten und Abweichungen: modellbasierte CF Algorithmen

Der Literaturüberblick zum Thema „Modellbasierte CF Algorithmen" verdeutlicht, dass dieselben Ähnlichkeitsmaße wie bei den speicherbasierten CF Algorithmen zur Berechnung der Vorhersage verwendet werden. Darauf aufbauend wird die Empfehlung generiert, wie in der wissenschaftlichen Arbeit von Sarwar et al. (2001) klar zu erkennen ist. Ähnlich wie bei den speicherbasierten CF Algorithmen sind hier anhand der vorgestellten Literatur ebenfalls der Pearson-Korrelationskoeffizient sowie die Kosinus-Ähnlichkeit die am meisten verwendeten Ähnlichkeitsmaße für die Berechnung von Vorhersagen.

Die wissenschaftlichen Arbeiten von Breese et al. (1998) sowie B. M. Sarwar et al. (2000) erwähnen dagegen keines dieser Ähnlichkeitsmaße, da sich die Autoren auf die Evaluation der Performance von modellbasierter CF Techniken im Vergleich zu speicherbasierten CF Techniken konzentrieren. Breese et al. (1998) erklären hier zu ihren Untersuchungen relevante Ähnlichkeitsmaße des speicherbasierten CF, jedoch nicht die des modellbasierten CF.

Linden et al. (2003) fokussieren sich ebenfalls auf Untersuchungen in ihrer Arbeit und evaluieren hierbei die Skalierbarkeit des modellbasierten CF Algorithmus von Amazon.com. Der Grund, weshalb dieser die besten Ergebnisse erzielt, liegt darin, dass sich Amazon einer teuren Offline-Ähnlichkeitsberechnung bedient und somit das Problem der Skalierbarkeit bewältigt.

Sarwar et al. (2001) verwenden bei ihren Untersuchungen dieselbe Methode und kommen wie bei den Untersuchungen von Linden et al. (2003) zu dem Resultat, dass modellbasierte im Vergleich zu speicherbasierten CF Algorithmen in der Lage sind, besser mit dem Problem der Skalierbarkeit umzugehen. zudem weisen sie bezogen auf die qualität eine bessere vorhersage auf.

B. M. Sarwar et al. (2000) verwenden dagegen mit Singular Value Decomposition Technik einen Dimensionsreduktionsansatz, um auftretenden Probleme wie beispielsweise die Skalierbarkeit zu reduzieren. Auch Probleme wie die spärliche

Datenverügbarkeit oder die Synonymie werden hiermit angesprochen. In diesem Zusammenhang wird aber auch darauf hingewiesen, dass neue Technologien vonnöten sind, um das Problem der Skalierbarkeit deutlich zu reduzieren.

Schafer et al. (2007) stimmen dem Dimensionsreduktionsansatz von B. M. Sarwar et al. (2000) in ihrer Arbeit zu, indem sie sich auf deren wissenschaftlichen Untersuchungen stützen.

Breese et al. (1998) stellen abweichend zu den dimensionsreduzierenden Methoden die beiden probalistischen Ansätze der Clustering Modelle und des Bayesschen Netz vor, die sich im Kontrast zu den vorherigen Techniken mit dem Problem fehlender Daten auseinandersetzen.

5 Fazit

In dieser Arbeit wurde ein umfangreicher Literaturüberblick zum Thema „Collaborative Filtering", speziell zu den beiden Hauptkategorien, den speicherbasierten und modellbasierten CF Algorithmen, gegeben. Es ist hierbei ein klarer Trend der Weiterentwicklung der Techniken zu erkennen, der im Laufe der Zeit, aufgrund der zunehmenden Nutzer- und Objektentwicklung im E-Commerce in Verbindung mit den dadurch entstehenden Problemen und Herausforderungen, vonnöten ist.

Im Rahmen von Empfehlungssystemen ist das Collaborative Filtering eine der bekanntesten und erfolgreichsten Techniken. Sowohl bei den speicherbasierten, als auch bei den modellbasierten CF Algorithmen hat sich herausgestellt, dass der „Nächster-Nachbar"-Algorithmus, welcher Ähnlichkeiten zwischen Nutzern oder auch Objekten berechnet, einer geläufigsten CF Algorithmen in der Praxis ist. An dieser Stelle ist zu betonen, dass für die Ermittlung des Ähnlichkeitsmaßes überwiegend der Pearson-Korrelationskoeffizient sowie die Kosinus-Ähnlichkeit verwendet werden. Die präzise Berechnung des Ähnlichkeitsmaßes ist essenziell für eine qualitativ hochwertige Vorhersagegenerierung und darauf aufbauend für eine Top-N Empfehlung für den aktiven Nutzer. Vor allem für große E-Commerce-Seiten wie beispielsweise Amazon oder Ebay ist dies von bedeutender Relevanz, da sich diese primär mit Problemen wie der spärlichen Datenverfügbarkeit, der Skalierbarkeit oder der Synonymie auseinandersetzen müssen und dadurch die allgemeine Performance ihrer CF Algorithmen gehemmt werden. Um diesem Problem entgegenzuwirken, wurden verschiedene Techniken aus der Literatur betrachtet und verglichen.

Hierbei zeichnete sich vor allem der sogenannte Item-to-Item CF Algorithmus von Amazon aus, der das Problem der Skalierbarkeit am besten löst. Ein ebenfalls vielversprechender Lösungsansatz, welche Zustimmung aus der Literatur findet, ist die SVD Technik, welche das Problem der Skalierbarkeit sowie der spärlichen Datenverfügbarkeit mindert, jedoch noch Entwicklungsbedarf besteht. Die Latent Semantic CF Algorithmen hingegen sprechen das Problem der Synonymie an.

Anhand verschiedener Untersuchungen lässt sich zusammenfassend sagen, dass die Techniken der modellbasierten CF Algorithmen aufgrund ihrer besseren Performance, bezogen auf die Probleme der Datenverfügbarkeit und Skalierbarkeit, bessere Resultate liefern als die speicherbasierten CF Algorithmen.

Abschließend ist an dieser Stelle zu erwähnen, dass mit den hybriden CF Algorithmen noch eine erweiterte Form des Collaborative Filtering existiert. Diese stellt eine Kombination aus speicherbasierten und modellbasierten CF Algorithmen dar. Aufgrund der Tatsache, dass der Fokus im Rahmen dieser Arbeit auf den beiden Hauptkategorien des Collaborative Filtering liegt und diese die fundamentalen Grundlagen für das weitere Verständnis bilden, kann diese nicht näher beleuchtet werden.

Literaturverzeichnis

Adomavicius, G., und A. Tuzhilin. „Toward the next generation of recommender systems: a survey of the state-of-the-art and possible extensions". *IEEE Transactions on Knowledge and Data Engineering* 17, Nr. 6 (Juni 2005): 734–49.

Ahn, Hyung Jun. „A new similarity measure for collaborative filtering to alleviate the new user cold-starting problem". *Information Sciences* 178, Nr. 1 (2. Januar 2008): 37–51.

Breese, John S., David Heckerman, und Carl Kadie. „Empirical Analysis of Predictive Algorithms for Collaborative Filtering". In *Proceedings of the Fourteenth Conference on Uncertainty in Artificial Intelligence*, 43–52. UAI'98. San Francisco, CA, USA: Morgan Kaufmann Publishers Inc., 1998.

Burke, Robin. „Hybrid Recommender Systems: Survey and Experiments". *User Modeling and User-Adapted Interaction* 12, Nr. 4 (1. November 2002): 331–70.

Canny, John. „Collaborative Filtering with Privacy via Factor Analysis", 238. ACM Press, 2002.

Chaffey, Dave. *E-Business and e-Commerce Management: Strategy, Implementation and Practice*. 4. ed. Harlow: FT Prentice Hall, 2009.

Claypool, Mark, Anuja Gokhale, Tim Miranda, Pavel Murnikov, Dmitry Netes, und Matthew Sartin. *Combining Content-Based and Collaborative Filters in an Online Newspaper*, 1999.

Delgado, Joaquin, und Naohiro Ishii. *Memory-Based Weighted-Majority Prediction for Recommender Systems*, 1999.

Goldberg, David E., und John H. Holland. „Genetic Algorithms and Machine Learning". *Machine Learning* 3, Nr. 2 (1. Oktober 1988): 95–99.

Goldberg, David, David Nichols, Brian M. Oki, und Douglas Terry. „Using collaborative filtering to weave an information tapestry". *Communications of the ACM* 35, Nr. 12 (1. Dezember 1992): 61–70.

Goldberg, Ken, Theresa Roeder, Dhruv Gupta, und Chris Perkins. „Eigentaste: A Constant Time Collaborative Filtering Algorithm". *Information Retrieval* 4, Nr. 2 (Juli 2001): 133–151.

Han, Jiawei, Jian Pei, und Micheline Kamber. *Data Mining: Concepts and Techniques.* Elsevier, 2011.

Herlocker, Jonathan L., Joseph A. Konstan, Al Borchers, und John Riedl. „An Algorithmic Framework for Performing Collaborative Filtering", 230–37. ACM Press, 1999.

Herlocker, Jonathan L., Joseph A. Konstan, Loren G. Terveen, und John T. Riedl. „Evaluating Collaborative Filtering Recommender Systems". *ACM Transactions on Information Systems* 22, Nr. 1 (1. Januar 2004): 5–53.

Hofmann, Thomas. „Latent Semantic Models for Collaborative Filtering". *ACM Transactions on Information Systems* 22, Nr. 1 (1. Januar 2004): 89–115.

———. „Unsupervised Learning by Probabilistic Latent Semantic Analysis". *Machine Learning* 42, Nr. 1 (1. Januar 2001): 177–96.

Huang, Zan, Hsinchun Chen, und Daniel Zeng. „Applying Associative Retrieval Techniques to Alleviate the Sparsity Problem in Collaborative Filtering". *ACM Transactions on Information Systems* 22, Nr. 1 (1. Januar 2004): 116–42.

Kai Yu, A. Schwaighofer, V. Tresp, Xiaowei Xu, und H. Kriegel. „Probabilistic Memory-Based Collaborative Filtering". *IEEE Transactions on Knowledge and Data Engineering* 16, Nr. 1 (Januar 2004): 56–69.

Konstan, Joseph A., Bradley N. Miller, David Maltz, Jonathan L. Herlocker, Lee R. Gordon, und John Riedl. „GroupLens: applying collaborative filtering to Usenet news". *Communications of the ACM* 40, Nr. 3 (1. März 1997): 77–87.

Konstan, Joseph A., John Riedl, Al Borchers, und Jonathan L. Herlocker. „Recommender Systems: A GroupLens Perspective". In *Recommender Systems. Papers from 1998 Workshop. Technical Report WS-98-08*, 60–64. Chapel Hill, North Carolina, United States: AAAI Press, 1998.

Koren, Yehuda. „Tutorial on Recent Progress in Collaborative Filtering", 333. ACM Press, 2008.

Kowalski, Gerald, und Mark T. Maybury. *Information Storage and Retrieval Systems: Theory and Implementation.* 2nd Aufl. Norwell, MA, USA: Kluwer Academic Publishers, 2000.

Lam, Shyong K., und John Riedl. „Shilling Recommender Systems for Fun and Profit", 393. ACM Press, 2004.

Linden, G., B. Smith, und J. York. „Amazon.Com Recommendations: Item-to-Item Collaborative Filtering". *IEEE Internet Computing* 7, Nr. 1 (Januar 2003): 76–80.

Littlestone, N., und M.K. Warmuth. „The Weighted Majority Algorithm". *Information and Computation* 108, Nr. 2 (Februar 1994): 212–61.

Lobo, Jorge M., Alberto Jiménez-Valverde, und Raimundo Real. „AUC: A Misleading Measure of the Performance of Predictive Distribution Models". *Global Ecology and Biogeography* 17, Nr. 2 (März 2008): 145–51.

McCrae, John, Anton Piatek, und Adam Langley. „Collaborative filtering". *http:// www. imperialviolet. org*, 2004.

Melville, Prem, Raymod J. Mooney, und Ramadass Nagarajan. „Content-boosted Collaborative Filtering for Improved Recommendations". In *Eighteenth National Conference on Artificial Intelligence*, 187–192. Menlo Park, CA, USA: American Association for Artificial Intelligence, 2002.

Miller, Bradley N., Joseph A. Konstan, und John Riedl. „PocketLens: Toward a Personal Recommender System". *ACM Transactions on Information Systems* 22, Nr. 3 (1. Juli 2004): 437–76.

Nichols, David. „Implicit Rating and Filtering". *In Proceedings of the Fifth DELOS Workshop on Filtering and Collaborative Filtering*, 1997, 31–36.

Nichols, David M, Michael B Twidale, und Chris D Paice. „Recommendation and usage in the digital library". *Lancaster University Computing Department, Cooperative Systems Engineering Group*, 1997, 1–15.

Ravin, Y., und C. Leacock. *Polysemy: Theoretical and Computational Approaches*. OUP Oxford, 2000.

Resnick, Paul, Neophytos Iacovou, Mitesh Suchak, Peter Bergstrom, und John Riedl. „GroupLens: An Open Architecture for Collaborative Filtering of Netnews", 175–86. ACM Press, 1994.

Resnick, Paul, und Hal R. Varian. „Recommender systems". *Communications of the ACM* 40, Nr. 3 (1. März 1997): 56–58.

Runte, Matthias. *Personalisierung im Internet: individualisierte Angebote mit Collaborative Filtering*. 1. Aufl. Betriebswirtschaftslehre für Technologie und Innovation, Bd. 37. Wiesbaden: Dt. Univ.-Verl, 2000.

Sarwar, B. M., G. Karypis, J. A. Konstan, und J. T. Riedl. „Application of Dimensionality Reduction in Recommender Systems: A case study". In *WebKDD Workshop at the ACM SIGKKD*, 2000.

Sarwar, Badrul, George Karypis, Joseph Konstan, und John Reidl. „Item-Based Collaborative Filtering Recommendation Algorithms", 285–95. ACM Press, 2001.

Sarwar, Badrul, George Karypis, Joseph Konstan, und John Riedl. „Analysis of Recommendation Algorithms for E-Commerce", 158–67. ACM Press, 2000.

Sarwar, Badrul M., Joseph A. Konstan, Al Borchers, Jon Herlocker, Brad Miller, und John Riedl. „Using Filtering Agents to Improve Prediction Quality in the GroupLens Research Collaborative Filtering System", 345–54. ACM Press, 1998.

Schafer, J. Ben, Dan Frankowski, Jon Herlocker, und Shilad Sen. „Collaborative Filtering Recommender Systems". In *The Adaptive Web*, herausgegeben von Peter Brusilovsky, Alfred Kobsa, und Wolfgang Nejdl, 4321:291–324. Berlin, Heidelberg: Springer Berlin Heidelberg, 2007.

Schein, Andrew I., Alexandrin Popescul, Lyle H. Ungar, und David M. Pennock. „Methods and Metrics for Cold-Start Recommendations", 253. ACM Press, 2002.

Searle, J.R. *Speech Acts: An Essay in the Philosophy of Language*. Cam: Verschiedene Aufl. Cambridge University Press, 1969.

Shani, Guy, David Heckerman, und Ronen I Brafman. „An MDP-based recommender system". *Journal of Machine Learning Research* 6, Nr. Sep (2005): 1265–1295.

Shardanand, Upendra, und Pattie Maes. „Social Information Filtering: Algorithms for Automating "Word of Mouth"", 210–17. ACM Press, 1995.

Su, Xiaoyuan, und Taghi M. Khoshgoftaar. „A Survey of Collaborative Filtering Techniques". *Advances in Artificial Intelligence* 2009 (2009): 1–19.

Su, Xiaoyuan, Taghi M. Khoshgoftaar, Xingquan Zhu, und Russell Greiner. „Imputation-Boosted Collaborative Filtering Using Machine Learning Classifiers", 949. ACM Press, 2008.

Su, Xiaoyuan, Taghi M. Khoshgoftaar, und Russ Greiner. *A Mixture Imputation-Boosted Collaborative Filter.*, 2008.

Wigand, Rolf T. „Electronic Commerce: Definition, Theory, and Context". *The Information Society* 13, Nr. 1 (März 1997): 1–16.

Yang, Yiming, und Xin Liu. „A Re-Examination of Text Categorization Methods", 42–49. ACM Press, 1999.

Zhao, Shiwan, Nan Du, Andreas Nauerz, Xiatian Zhang, Quan Yuan, und Rongyao Fu. „Improved Recommendation Based on Collaborative Tagging Behaviors", 413. ACM Press, 2008.

Zhu, Xingquan, und Xindong Wu. „Class Noise vs. Attribute Noise: A Quantitative Study". *Artificial Intelligence Review* 22, Nr. 3 (November 2004): 177–210.